U0798337

职工代表大会工作

小全书

〔01〕

ZHIGONG DAIBIAO DAHUI GONGZUO

XIAOQUANSHU

崔金琳◎编著

中国工人出版社

编者按

Editor's Note

民主是全人类共同的价值，是中国共产党和中国人民始终不渝坚持的重要理念。中国的民主是全过程人民民主，是最广泛、最真实、最管用的社会主义民主，人民当家作主是其本质和核心。聚焦到基层企事业单位，人民当家作主主要通过以职工代表大会为基本形式的民主管理制度来实现。2022年党的二十大指出“健全以职工代表大会为基本形式的企事业单位民主管理制度，维护职工合法权益”，为新时代企事业单位民主管理工作指明了方向；2023年中国工会十八大也提出“把企事业单位民主管理作为发展全过程人民民主的重要形式，努力推动以职工代表大会为基本形式的企事业单位民主管理制度落地落实”。制度的生命力在于执行，执行的效果关键在于执行的规范程度。如何规范执行企事业单位民主管理制度，值得每一位工会工作者深思研究。

职工代表大会作为企事业单位实行民主管理的基本形式，在促进企事业单位改革发展稳定中发挥了不可替代的重要作用。职工代表大会的组织召开有着一套严格的规范程序，其具体规定见于多项法律法规及规范性文件中。为了便于广大工会工作者学习领会和实际操作，特组织编写《职工代表大会工作小全书》，本书有以下几个特点：一是对职工代表大会召开的流程进行系统梳理，明确会前、会中、会后各项工作的开展程序及要求；二是配合大量范例模板，如请示批复、各类报告、主持词、选票、决议等，为实操工作提供参考；三是就理论及实操中常见的问题设计知识问答，便于答疑解惑；四是较为系统地整理了有关职工代表大会的法律法规及政策文件作为附录，方便读者查阅。希望这份努力和用心能够为各级工会工作者提供一定的帮助。

在本书编写过程中，全国总工会、北京市总工会相关领导，中国劳动关系学院、北京市工会干部学院相关领导老师，以及基层企事业单位工会主席和工会干部等提供了许多指导和帮助，在此深表感谢。

由于编者水平有限，本书难免有疏漏和不足之处，敬请广大工会工作者提出宝贵意见和建议，共同推动职工代表大会工作不断发展完善。

编者

2024 年 4 月

目 录

Contents

第一章

职工代表大会概述

CHAPTER 1

一、新时代民主管理工作的新要求

2022年10月召开的中国共产党第二十次全国代表大会在报告第六部分专章阐述了“发展全过程人民民主，保障人民当家作主”，并且指出“人民民主是社会主义的生命……要健全人民当家作主制度体系，扩大人民有序政治参与，保证人民依法实行民主选举、民主协商、民主决策、民主管理、民主监督……积极发展基层民主，健全基层党组织领导的基层群众自治机制，完善基层直接民主制度体系和工作体系……全心全意依靠工人阶级，健全以职工代表大会为基本形式的企事业单位民主管理制度，维护职工合法权益”，为新时代企事业单位民主管理工作指明了方向，提供了基本遵循。

2023年10月召开的中国工会十八大在未来五年工作任务中提出“加强企事业单位民主管理制度建设。把企事业单位民主管理作为发展全过程人民民主的重要形式，努力推动以职工代表大会为基本形式的企事业单位民主管理制度落地落实……保障职工群众主人翁地位，提高职工群众创造性和企业竞争力”，对新时代民主管理工作提出了新的具体要求。

（一）践行全过程人民民主重大理念

全过程人民民主重大理念是新时代党中央对基层民主政治建设提出的最新要求，也为新形势下的企事业单位民主管理工作提供了基本遵循。全过程人民民主以“党的领导”为根本要求，以“人民”为主体，以“民主制度和民主实践”为基本内容，以“全过程”为突出特征，是“全方位、全链条、全覆盖”的民主。企事业单位民主管理制度作为全过程人民民主制度体系的重要组成部分，是基层直接民主制度之一。中国工会十八大要求把企事业单位民主管理作为发展全过程人民民主的重要形式，那么，如何在基层企事业单位民主管理工作中践行全过程人民民主，要从以下四个方面进行深刻理解和把握：

一是从根本要求层面，全过程人民民主以“党的领导”为根本要求，企事业单位民主管理工作也要切实加强党的领导。

二是从主体层面，全过程人民民主以“人民”为主体，企事业单位的“人民”就是“全体职工”，因此要以职工为本，促进广大职工有序民主参与。

三是从内容层面，全过程人民民主以“民主制度和民主实践”为基本内容，企事业单位民主管理工作就要着力完善制度体系和工作体系。

四是从特征层面，全过程人民民主以“全过程”为突出特征，企事业单位民主管理工作也要高度重视实质民主和程序民主的有机统一，以落实职权和规范程序来保障全方位、全链条、全覆盖。

由此，各企事业单位应当深刻领会并贯彻落实党的二十大精神、中国工会十八大精神，践行全过程人民民主重大理念，建立完善以职代会为基本形式的民主管理制度体系和工作体系，切实维护职工合法权益，促进企事业单位健康可持续发展。

（二）切实加强党对民主管理工作的领导

切实加强党对民主管理工作的领导，发挥党组织“把方向、管大局、保落实的作用”；探索建立党组织常态化研究民主管理问题、领导支持民主管理工作的有效方法；在民主管理工作中贯彻党的方针路线政策，发扬党的群众路线优势，坚持民主集中制的原则；将职代会民主管理工作纳入单位党建巡视考核体系，进一步加强党风廉政和民主监督。此外要特别注意，由于广大非公企业党建基础参差不齐，有党组织的，要充分发挥党组织的战斗堡垒作用；未建党组织的，在逐步加强党建的同时，更需要发挥工会组织的桥梁纽带作用，团结引领广大职工听党话、跟党走，切实担负起工会组织的政治责任。

（三）促进广大职工积极有序民主参与

广大职工的民主参与是民主管理制度的基石，没有参与，谈不上民主，但“无序”参与并不利于民主的发展，因此，如何有效促进职工“有序”参与民主，是破解新时代民主管理工作困境的关键点之一。一方面，要大力拓宽民主参与渠道，直面“参与渠道不畅通，参与积极性不高，参与实效性不强”的难点和痛点，让职工真正“有话可说，有诉可达，有难可解”；另一方面，要有效落实职工四权，“知情权、参与权、表达权、监督权”有效落实，才能够让职工切身感受到民主的价值和意义，激励其主动参与、深度参与的积极性，形成良性循环；此外，要突出强调“有序参与”，职工民主参与是有序的，反映问题、表达诉求是理性的，解决困难、维护权益是有章法的，有序参与是新形势下的突出要求，需要诸多条件的支持，“完善制度体系、打造工作体系”，就是给职工提供畅通的渠道、明确的依据，是促进有序参与的必要条件。

（四）完善民主管理制度和工作体系

第一，建立完善制度体系。一方面，要依法依规依实际制定本单位的职代会民主管理制度，为工作实践提供有法可依的内部依据，力争精细化、实效化、针对性、适用性更强，真正做到“因单位制宜”；另一方面，要将职代会民主管理制度纳入单位管理制度体系中，与其他生产经营管理制度形成有机整体，构建自上而下的行政管理、专业管理和自下而上的民主管理相结合的制度体系；同时还要完善民主管理自身相关的组织机构和工作制度，形成制度合力，如职代会制度、厂务公开制度、职工董事监事制度、平等协商集体合同制度、民主管理专门委员会（小组）机构、联席会议制度、提案工作制度、代表巡视检查制度、代表培训制度、职工董事监事履职制度等。相关机构和制度越完善，职责分工越明确，工作依据更充分，工作力量更强大，工作成效也会更突出。

第二，打造畅通工作体系。一方面，在制度化基础上，完善“党组织领导、行政负责、工会运作、纪检监督、职工参与”的民主管理工作体系，强化工作实践中的“一盘棋”思想，不能把职代会民主管理工作狭隘地局限在工会工作领域内，要在党的领导下尽力争取行政及相关职能部门的理解与支持，发挥组织合力；另一方面，将职代会民主管理工作任务列入单位年度工作计划统筹实施，提高工作的计划性、系统性和规范性。此外，还可以结合中国特色现代企业制度的相应要求，将职代会民主管理写入公司章程，从健全完善现代企业法人治理结构的高度上提升对职代会民主管理工作的重视程度，明确该项工作的企业内部“法定地位”，可参照《国务院办公厅关于进一步完善国有企业法人治理结构的指导意见》等文件，打造自上而下、自下而上均畅通的民主管理工作体系。

（五）落实职代会职权，规范各项程序

制度的生命力在于执行，制度是前提，执行是关键，落实职权规范程序是职代会民主管理制度运行的基本要求，是实质民主和程序民主在“内容与形式上的有机统一”。一方面，企事业单位民主管理的各项制度之间是有序衔接、互相配合构成体系的，要通过“落实各自的职权内容、规范各项运作程序”形成制度合力，充分发挥各自的作用。比如，职代会是基本形式，具有核心统领作用，要以职代会制度为核心，将平等协商集体合同、厂务公开、代表履职、职工董监事述职、代表巡视检查、联席会议制度等有序衔接起来；厂务公开是基础保障，贯穿民主管理工作始终，也以职代会为主要载体，如果没有公开，就谈不上知情，也就不具备民主参与的条件；职工董事监事制度必须依托职代会，对职代会负责。另一方面，落实职权、规范程序需要依法依规，强化职代会民主管理相关法律法规政策文件精神的学习，十分必要。此外，程序与内容二者相辅相成，不可偏颇，落实职权是规范程序的目的，规范程序是落实职权的有效手段，最终都是为了推进职代会民主管理工作提质增效。

综上所述，从一定意义上讲，编写本书的核心目标就是通过规范职代会的运作程序来有效落实职代会的各项职权，从而促进民主管理工作高质量发展。

二、职工代表大会的性质及特点

（一）职工代表大会的性质

2021 年最新修订的《工会法》第六条第三款规定：“工会依照法律规定通过职工代表大会或者其他形式，组织职工参与本单位的民主选举、民主协商、民主决策、民主管理和民主监督。”2012 年颁布的《企业民主管理规定》第三条第一款强调：“职工代表大会（或职工大会，下同）是职工行使民主管理权力的机构，是企业民主管理的基本形式。”1986 年颁布的《全民所有制工业企业职工代表大会条例》对职工代表大会（以下简称职代会，法律法规等原文表述及部分标题除外）的性质作了明确规定：“职工代表大会是企业实行民主管理的基本形式，是职工行使民主管理权力的机构。”这些规定表明，职代会是企事业单位管理制度的一部分，是企事业单位包括经营管理者在内的全体职工参与管理的制度，是广大职工依法享有的知情权、表达权、参与权、监督权，以及一定程度的选举权、决策权等民主管理权利得以落实的权力机构，是企事业单位实行民主管理无可替代的基本形式，并且不受所有制形式的局限，国有、集体、民营、外资企业以及事业单位、社会组织都应当遵循。

（二）职工代表大会的特点

首先，职代会有充分的法律依据、政策支撑，具有法定权威。1982 年《宪法》（2018 年修正）、1986 年《全民所有制工业企业职工代表大会条例》、1988 年《全民所有制工业企业法》（2009 年修订）、1991 年《城镇集体所有制企业条例》（2016 年修订）、1992 年《工会法》（2021 年修订）、1993 年《公司法》（2023 年修订）、1994 年《劳动法》（2018 年修订）、2007 年《劳动合同法》（2012 年修订）等法律法规，都对企业建立职代会和实行民主管理作出了规定。同时，《中国工会章程》、《企业工会工作条例》、《企业民主管理规定》也都作出了相应规定。根据《企业民主管理规定》第三条、第二十一条的规定，职代会是职工行使民主管理权力的机构，在其职权范围内依法审议通过的决议和事项具有约束力，非经职代会同意不得变更或撤销；企业应当提请职代会审议、通过、决定的事项，未按照法定程序审议、通过或者决定的无效。这都充分说明了职代会及其所作出的决议具有法定权威。

其次，职代会有着广泛的群众性、普遍的代表性和充分的公开性，使得它比其他民主管理形式有着更坚实的群众基础。职工代表来自企事业单位的科室、职能部门、车间、班组等各个层面，经过一定民主程序选举产生，包含了工人、技术人员、管理人员、领导干部和劳务派遣工等各方面的职工，兼顾女职工、劳模、技能人才、民主党派等各类群体，使职代会具有广泛的群众性和普遍的代表性。职代会职权包括知情权、建议权、决定权、监督权和选举权，涉及职工参与企事业单位管理的各个方面，具有内容的全面性；职代会具有完整的组织制度和工作制度，特别是票决制，具有较强的操作性；职代会按照少数服从多数的民主集中制原则和法定程序作出决定、决议，最大限度地代表了民意，体现了公平、公正、公开的原则，具有较高的权威性和法律效力。

最后，职代会制度经过多年实践，已有完整的组织结构和工作制度，积累了丰富的经验和深厚的社会基础，已在企事业单位中广泛推行，并迅速向非公有制企业、社会组织以及新就业形态劳动者等领域拓展，覆盖面不断扩大，内容不断丰富，运作机制不断完善，在促进企事业单位改革发展稳定中发挥了不可替代的重要作用。

（三）职工代表大会与其他民主管理形式的关系

职代会作为企事业单位民主管理的基本形式并不是孤立存在的，企事业单位还需要厂务（院务、所务、校务）

公开，职工董事、职工监事制度，以及职工民主管理委员会、民主议事会、劳资恳谈会、民主协商会等其他民主管理形式。

其中，厂务公开是民主管理的前提和必要保障，如果没有知情权，职代会就无法进行民主审议、民主决策和民主监督，同时，职代会也是厂务公开的重要平台和载体。职工董事、职工监事制度是适应现代企业法人治理结构而建立的公司制企业民主管理的新形式，必须依托职代会，因为职工董事、职工监事由职代会选举产生，对职代会负责。其他民主管理形式如职工民主管理委员会、民主议事会、劳资恳谈会、民主协商会等重点在于沟通协商，但不具备决定权。

因此，在所有民主管理形式中，职代会是基本形式，是职工行使民主管理权力的机构，能够作出对企事业单位和职工有约束力的决议、决定，起着核心统领的作用；其他形式作为补充，可以完善和充实职代会制度，特别是解决在职代会闭会期间及职代会形成决议后具体落实方面的薄弱环节，填补微观层面可能出现的空白和不足，与职代会制度相辅相成，共同促进企事业单位的民主管理。

三、职工代表大会的职权

职权是职代会制度的核心，没有职权的落实，谈不上真正民主。因此，科学合理研究制定职权内容，是不同类型的单位建立完善并有效运行职代会制度的关键。不同的单位性质决定了职代会职权的不同。常见的一般有：企业（国有及国有控股企业、集体所有制、非公企业）、机关单位、学校和科研院所等。根据有关法律法规及政策文件的规定，职代会职权的主要内容如下。

（一）企业职工代表大会的职权

1. 国有及非公企业职工代表大会的职权

根据《企业民主管理规定》第十三条，企业职代会行使下列职权：

（1）听取企业主要负责人关于企业发展规划、年度生产经营管理情况，企业改革和制定重要规章制度情况，企业用工、劳动合同和集体合同签订履行情况，企业安全生产情况，企业缴纳社会保险费和住房公积金情况等报告，提出意见和建议；

（2）审议企业制定、修改或者决定的有关劳动报酬、工作时间、休息休假、劳动安全卫生、保险福利、职工培训、劳动纪律以及劳动定额管理等直接涉及劳动者切身利益的规章制度或者重大事项方案，提出意见和建议；

（3）审议通过集体合同草案，按照国家有关规定提取的职工福利基金使用方案、住房公积金和社会保险费缴纳比例和时间的调整方案，劳动模范的推荐人选等重大事项；

（4）选举或者罢免职工董事、职工监事，选举依法进入破产程序企业的债权人会议和债权人委员会中的职工代表，根据授权推荐或者选举企业经营管理人员；

（5）审查监督企业执行劳动法律法规和劳动规章制度情况，民主评议企业领导人员，并提出奖惩建议；

（6）法律法规规定的其他职权。

根据《企业民主管理规定》第十四条，国有企业和国有控股企业职代会除按第十三条规定行使职权外，还应行使下列职权：

（1）听取和审议企业经营管理主要负责人关于企业投资和重大技术改造、财务预决算、企业业务招待费使用等情况的报告，专业技术职称的评聘、企业公积金的使用、企业的改制等方案，并提出意见和建议；

（2）审议通过企业合并、分立、改制、解散、破产实施方案中职工的裁减、分流和安置方案；

（3）依照法律、行政法规、行政规章规定的其他职权。

2. 集体所有制企业职工代表大会职权

根据《中华人民共和国城镇集体所有制企业条例》（2016年最新修订）第二十八条，集体企业的职代会在国家法律、法规的规定范围内行使下列职权：

（1）制定修改集体企业章程；

（2）按照国家规定选举、罢免、聘用、解聘厂长（经理）、副厂长（副经理）；

（3）审议厂长（经理）提交的各项议案，决定企业经营管理的重大问题；

（4）审议并决定企业职工工资形式、工资调整方案、奖金和分红方案、职工住宅分配方案和其他有关职工生活福利的重大事项；

（5）审议并决定企业的职工奖惩办法和其他重要规章制度；

（6）法律、法规和企业规章规定的其他职权。

3. 中央企业职工代表大会职权

根据《关于进一步加强中央企业职工代表大会制度建设的指导意见》文件的要求，中央企业应根据国家有关法律法规和国资委有关加强民主管理、维护职工权益的规定，结合企业的实际情况，坚持行使和落实职代会的以下职权：

（1）审议建议权。职代会对企业重要事项行使审议建议权，主要包括：听取企业主要负责人关于企业发展规划、年度生产经营管理情况，企业改革和制定重要规章制度情况，企业用工、劳动合同和集体合同签订履行情况，企业安全生产情况，企业缴纳社会保险费和住房公积金情况等报告；听取和审议企业经营管理主要负责人关于企业投资和重大技术改造、企业业务招待费使用等情况报告，专业技术职称评聘、企业公积金使用、企业改制等方案；审议企业制定、修改或者决定的有关劳动报酬、工作时间、休息休假、劳动安全卫生、保险福利、职工培训、劳动纪律以及劳动定额管理等直接涉及劳动者切身利益的规章制度或者重大事项方案。企业集团职代会还应审议企业集团经营方针、中长期发展规划、年度计划、财务预决算、安全生产等重要事项报告，以及企业集团改制方案和重大改革措施等重要事项。在审议的基础上，提出意见和建议；

（2）审议通过权。职代会对涉及职工切身利益的重大事项有审议通过权，主要包括：审议集体合同草案，按照国家有关规定提取的职工福利基金使用方案、住房公积金和社会保险费缴纳比例和时间调整方案，职工奖惩办法、劳动模范推荐人选等重大事项；审议企业合并、分立、改制、解散、破产实施方案中职工的裁减、分流和安置方案；企业集团职代会还应审议企业民主管理制度实施办法，审议企业集团专项合同草案、企业年金方案、住房制度改革方案。在审议的基础上，进行投票表决，形成通过或不通过的决议；

（3）监督评议权。主要包括：审查监督企业执行劳动法律法规和劳动规章制度情况；民主评议企业领导班子及成员、职工董事、职工监事。企业集团职代会监督评议事项还包括建立和健全完善职代会和厂务公开等民主管理制度情况；企业集团职代会决议贯彻执行情况和提案落实情况；企业履行集体合同情况；除监督集团执行情况外，还应监督所属基层单位执行情况；

（4）民主选举权。职代会应依法选举或罢免职工董事、职工监事；选举职代会专门委员会（小组）成员；选举依法进入破产程序企业的债权人会议和债权人委员会中的职工代表；选举法律法规规定或者企业党委（党组）、董事会、经理层与工会协商确定应当由职代会选举产生的其他人员。

（5）法律法规赋予职代会的其他权利。在推进企业集团改革改制特别是混合所有制改革过程中，涉及企业集团改革调整的重大事项，应当通过企业集团职代会履行审议建议权的民主程序，提出意见建议。所属基层单位在此基础上细化方案，提交本级职代会审议并履行相应的民主程序。涉及企业集团职工安置等职工切身利益的重要事项，应当通过企业集团职代会严格履行审议通过权的民主程序，根据所属基层单位实际，提出统一要求与分类指导相结合的原则，表决通过后实施。所属基层单位按照企业集团职代会决议细化方案，提交本级职代会审议通过后实施。职代会在其职权范围内依法审议通过的决议和事项具有约束力，非经职代会同意不得变更或撤销。企业应当提请职代会审议、通过、决定的事项，未按照法定程序审议、通过或者决定的无效。

（二）学校教职工代表大会的职权

为依法保障教职工参与学校民主管理和监督，完善现代学校制度，促进学校依法治校。自 2012 年 1 月 1 日起施行的《学校教职工代表大会规定》明确本规定适用于中国境内公办的幼儿园和各级各类学校。民办学校、中外合作办学机构参照执行，该规定第七条教代会的职权包括：

（1）听取学校章程草案的制定和修订情况报告，提出修改意见和建议；

（2）听取学校发展规划、教职工队伍建设、教育教学改革、校园建设以及其他重大改革和重大问题解决方案的报告，提出意见和建议；

（3）听取学校年度工作、财务工作、工会工作报告以及其他专项工作报告，提出意见和建议；

（4）讨论通过学校提出的与教职工利益直接相关的福利、校内分配实施方案以及相应的教职工聘任、考核、奖惩办法；

（5）审议学校上一届（次）教职工代表大会提案的办理情况报告；

（6）按照有关工作规定和安排评议学校领导干部；

（7）通过多种方式对学校工作提出意见和建议，监督学校章程、规章制度和决策的落实，提出整改意见和建议；

（8）讨论法律法规规章规定的以及学校与学校工会商定的其他事项。

（三）科研院所职工代表大会的职权

依照《全国总工会、国家科委关于完善科研院所职工民主管理工作的若干意见》（全国总工会、国家科委 1995 年 11 月 28 日印发），科研院所职代会的主要职权是：

（1）听取院（所）长的工作报告，讨论审议科研院所发展方向和科学研究、技术开发、生产经营等重大决策方案和重要改革方案，自有资金分配和使用方案，并提出意见和建议；

（2）审议通过职工工资奖金分配方案、劳动保护措施、职工奖惩办法和其他涉及职工利益的重要规章制度；

（3）审议通过集体合同草案，并对集体合同的履行情况进行监督检查；

（4）审议决定职工福利基金的使用方案和其他有关职工生活福利的重大事项；

（5）与领导干部年度考核和任期责任目标审计相结合，评议、监督科研院所各级行政领导干部，提出奖惩和任免的建议；

（6）根据主管部门的决定，参与民主推荐或选举院所各级行政领导人员；

（7）其他法律或行政法规规定的须经职代会讨论、审议或决定的事项。

（四）医疗卫生单位职工代表大会的职权

依照全国总工会、卫生部《关于加强医疗卫生单位职工民主管理工作的若干意见》（全国总工会、卫生部1997年4月30日印发），医疗卫生单位职代会的主要职权是：

（1）听取院（站、所）长工作报告，讨论审议院（站、所）发展的长远规划和奋斗目标、年度工作计划和总结、财务预决算、基建投资项目和大型仪器购置、职工培训计划、业务招待费使用情况并提出意见和建议；

（2）审议通过岗位责任制、职工工资奖金分配方案、涉及职工切身利益的改革方案、劳动保护措施、职工奖惩办法及其他重要规章制度；

（3）审议决定职工住房分配方案、福利基金使用方案和其他有关职工福利的重大事项；

（4）评议监督院（站、所）领导干部。评议工作要在职工代表大会上进行，每年至少进行一次，要把评议结果作为奖惩、任免领导干部的重要依据；

（5）根据主管部门决定，民主选举院（站、所）领导人员。

综合上述法律法规和政策文件规定，不同性质的组织，其职代会职权各有不同。基层组织在开展职代会行使职权时，一方面，要依据相关的法律法规政策文件，这是行使职代会职权的法律基础和保障；另一方面，要把握职代会职权的核心要义，在法律法规的基础上因“单位”制宜，结合实际情况合理规定本单位职代会的职权内容，特别是审议建议权、审议通过权和评议监督权。这是职代会职权的核心所在，也是职代会发挥作用的关键。

四、职工代表大会的组织机构

职代会的组织机构包括大会主席团、职工代表团（组）和根据工作需要而设立的经常性或临时性的专门委员会（小组）。

（一）职工代表大会主席团

职代会主席团是在预备会议上由全体职工代表选举产生，负责职代会会议期间的组织领导工作的机构。它不是常设机构，也不是决策机构，其主要职责是主持开好大会，领导大会期间的各项活动和处理大会期间发生的问题。《企业民主管理规定》第十九条规定：“职工代表大会可以设主席团主持会议。”《中华全国总工会办公厅关于规范召开企业职工代表大会的意见》规定，职代会主席团负责处理会议期间的相关事项。《职工代表大会操作指引》规定："职代会根据实际情况确定是否设立主席团。规模较大、管理层级较多、职工人数较多的企业召开职代会可以选举大会主席团主持会议。"

职代会主席团成员由工会与职代会各代表团（组）协商提出候选人名单，经职代会预备会议表决通过（详细程序见第三章）。其中，工人、技术人员、普通管理人员不少于50%。这里所说的普通管理人员是指不包括领导人员的中、下级的一般性管理人员。主席团实行会议制，即主席团的活动主要在职代会期间开展。闭会期间工会是职代会的工作机构，承担职代会的日常工作。

职代会主席团的具体任务主要有：

（1）主持开好大会，领导大会期间的各项活动；

（2）听取和综合各代表团（组）对各项议题审议的意见，审议通过大会议程；

（3）研究大会议题中需要通过和决定的事项，草拟大会决议；

（4）主持大会的表决和选举工作；

（5）处理大会期间发生的问题。

（二）职工代表团（组）

职代会开展的活动是统一组织起来的职工代表的活动。

《企业民主管理规定》第十二条规定："职工代表按照基层选举单位组成代表团（组），并推选团（组）长。"《职工代表大会操作指引》规定："企业工会委员会根据企业职工人数、分布情况和实际需要来确定是否组成职工代表团（组）并选举代表团（组）长。如有需要，则将职工代表按照所属基层选举单位组成代表团（组）并推举团（组）长。"代表团（组）在职代会召开期间由大会主席团领导，闭会期间由工会领导。其组成程序为：职工代表选出以后，应按照选举单位的行政隶属关系，比如按厂、车间、科室（或若干科室）组成代表团（组），并推选团（组）长1人，副团（组）长1～2人。代表团（组）长一般应由厂、车间、科室工会主席担任。代表团（组）的主要任务分为会议期间和闭会期间两部分：

1. 代表团（组）在职代会会议期间的主要任务

（1）组织本团（组）职工代表出席职代会；

（2）协助行政安排好职工代表出席会议期间的生产和工作；

（3）组织本团（组）代表认真审议企业重大决策，积极反映职工对重大决策等问题的意见和建议，必要时，在征得大会主席团同意后，选自己的代表在大会上发表意见；

（4）参与有关决议案的起草；

（5）完成大会主席团交办的其他工作。

2. 代表团（组）在职代会闭会期间的主要任务

（1）向本单位职工传达大会精神，协助行政制定贯彻落实大会决议的措施，引导职工以实际行动落实大会决议；

（2）选派本代表团（组）成员参加单位的日常民主管理和民主监督活动；

（3）组织本团（组）职工代表学习党的方针政策、国家有关法律法规以及民主管理基本知识；

（4）征集、处理提案，对本单位职工提出的提案进行初审，其中确属本单位内能够解决的问题，可直接提交本单位行政研究解决，属于全单位、全局性需要解决的问题，上报公司或集团职代会提案审查小组；

（5）根据实际需要参加职代会联席会议并完成联席会议交办的工作；

（6）接受职代会委托的其他工作。

（三）职工代表大会专门委员会（小组）

《企业民主管理规定》第十一条规定："职工代表大会根据需要，可以设立若干专门委员会（小组），负责办理职工代表大会交办的事项。专门委员会（小组）成员人选必须经职工代表大会审议通过。"专门委员会（小组）是根据职代会工作需要而设置，为大会行使各项职权而服务，是执行专门任务的临时性或经常性机构。专门委员会（小组）隶属职代会并对其负责，承办职代会交付的各项工作，其日常活动由单位工会委员会负责组织。设立专门委员会（小组），可以使职代会更好地开展活动、提高工作效能、发挥应有的作用。

1. 专门委员会（小组）的设置

专门委员会（小组）的设置应根据职代会行使各项职权的客观需要，以及企事业单位的实际情况来确定。大型企事业单位可将职代会每项职权的内容加以分解，分别设立专门委员会（小组），提高民主管理的专业化程度。中小型企事业单位可以按照职代会的五项职权分别设置，或者设置综合性专门委员会（小组），承担与职代会职权内容相近的工作。一般可以设立职工代表提案、集体合同、劳动法律监督、劳动保护、薪酬福利、规章制度、评议监督等常设的专门委员会（小组），规模较小的单位可以设立一个综合性的民主管理专门委员会（小组）。还可以根据工作需要，设立一些临时性的专门委员会（小组），待承担的特定工作结束后予以撤销。专门委员会（小组）及其成员的产生程序详见第三章。

2. 专门委员会（小组）的人员组成

（1）专门委员会（小组）的人选一般应在职工代表中提名产生，也可以聘请非职工代表参加。通常从未担任部门以上主要领导职务的科技人员、管理人员、工会干部中选择。

其成员应熟悉专业业务，有一定的组织活动能力，办事公道，群众威信较高。

（2）专门委员会（小组）成员的数量根据职工代表人数、承担的主要职责和具体要解决问题的难易程度确定，一般应由 3～5 人组成，企事业单位也可以根据自身情况适当增减。各专门委员会（小组）设主任委员（组长）1 名，业务部门的负责人不宜担任专门委员会（小组）的组长。

（3）专门委员会（小组）成员的任期，应与职代会的届期一致。

3. 专门委员会（小组）的主要职责

（1）审议提交职代会的有关议案；

（2）在职代会闭会期间，根据职代会的授权，审定属本专门委员会（小组）分工范围内需要临时决定的问题，并向职代会报告予以确认；

（3）检查、督促有关部门贯彻执行职代会决议，做好职工提案的处理；

（4）根据实际需要参加职代会联席会议并完成联席会议交办的工作；

（5）办理职代会交办的其他事项。

五、职工代表大会的工作制度

（一）职工代表大会的会议制度

职代会的会议制度包括职代会的届期、每年召开会议的次数、会议议题议案、组织原则、决议形成与修改、开会程序等事项。

（1）职代会实行届期制，每届任期为三年至五年，教代会的届期为三年或五年，具体任期由职代会根据本单位的实际情况确定。职代会因故需要提前或延期换届的，应当由职代会或其授权的机构决定。

（2）职代会每年至少召开 1 次。

（3）召开职代会必须有三分之二以上的职工代表出席。

（4）遇有重大事项，经行政、工会或三分之一以上职工代表的提议，可召开临时会议。

（5）职代会议题和议案应当由工会听取职工意见后与单位协商确定，并在会议召开 7 日前以书面形式送达职工代表。

（6）民主集中制是职代会的组织原则，职代会选举和表决相关事项，必须按照少数服从多数的原则，经全体职工代表的过半数通过。对重要事项的表决，应当采用无记名投票的方式分项表决。

（7）关于大会决议，职代会在其职权范围内依法审议通过的决议和事项具有约束力，非经职代会同意不得变更或撤销。企事业单位应当提请职代会审议、通过、决定的事项，未按照法定程序审议、通过或者决定的无效。

（8）大会主要程序有会前筹备、预备会议、正式会议、会后工作等。

（二）联席会议制度

职工代表团（组）长和专门委员会（小组）负责人联席会议是在职代会闭会期间，为解决临时需要职代会审议或审查某些重要问题，由工会委员会召集，职工代表团（组）长和专门委员会（小组）负责人参加的会议，是职代会制度的重要组成部分。建立职代会联席会议制度，有利于及时处理职代会闭会期间需要临时解决的重要问题，使民主管理经常化；有利于帮助企事业单位及时正确决策；有利于发挥工会作为职工民主管理的代表者、组织者的作用。联席会议的职权、程序、注意事项等详见第四章。

（三）职工代表及其他制度

职工代表的工作及活动制度，主要指职工代表在职代会会议及闭会期间的所有民主管理活动，包括职工代表选举制度；职工代表巡视、检查、质询等监督制度；职工代表申诉、保护制度；职工代表培训制度等。

其他制度主要包括提案工作制度、职代会选举表决制度、民主评议监督制度、质量评估制度等。

六、职工代表大会与党政工组织的关系

职代会在企事业单位领导体制中的地位及其与党政组织和工会组织的关系，是实践中需要重点认识和把握的问题。

（一）职工代表大会与党组织的关系

《全民所有制工业企业职工代表大会条例》规定，职代会接受企业党的基层委员会（含不设基层委员会的党总支部委员会、支部委员会）的思想政治领导，贯彻执行党和国家的方针、政策，正确处理国家、企业和职工三者的利益关系，在法律规定的范围内行使职权。《企业民主管理规定》强调，企业民主管理工作应当坚持党的领导，企业党组织应当加强对民主管理工作的领导和支持。《中国共产党章程》规定，国有企业和集体企业中，党组织要发挥政治核心作用，围绕企业生产经营开展工作；全心全意依靠职工群众，支持职代会开展工作。所以，企业党组织的重要任务之一就是重视企业民主管理，支持职代会开展工作。

企事业单位党组织要坚决贯彻落实全心全意依靠工人阶级的根本指导方针，充分发挥政治核心作用，支持和保证职代会依法行使各项职权。党组织要定期听取职代会工作情况的汇报，切实加强对职代会工作的领导，及时研究解决职代会制度建设中遇到的问题，落实企事业单位工会的人员编制，充分发挥职代会的作用；要加强督导力度，促进健全完善民主管理的各项机制，扎实提高民主管理工作水平。

（二）职工代表大会与行政的关系

《全民所有制工业企业职工代表大会条例》规定，企业在实行厂长负责制的同时，必须建立和健全职代会制度和其他民主管理制度，保障与发挥工会组织和职工代表在审议企业重大决策、监督行政领导、维护职工合法权益等方面的权利和作用；职代会应当积极支持厂长行使经营管理决策和统一指挥生产活动的职权。《企业民主管理规定》强调，企业应当尊重和保障职工依法享有的知情权、参与权、表达权和监督权等民主权利，支持职工参加企业管理活动；企业职工应当尊重和支持企业依法行使管理职权，积极参与企业管理。这些规定表明，职代会作为职工行使民主管理权力的机构，是企业领导管理体制的组成部分。职代会既充分支持企业行政行使管理的职能，又在一定程度上制衡企业行政的权力，两方相辅相成、相互制约、共同发展。

一方面，企业行政要积极推进职代会制度的落实。要牢固树立依靠职工办企业的观念，尊重职工参与民主选举、民主决策、民主协商、民主管理、民主监督的权利，重视职代会提出的建议和意见，支持职代会依法行使职权；要把建立和完善职代会制度与健全现代企业制度有机结合起来，切实加以推进，并把职代会制度作为企业管理的重要基础制度；要督促企业有关部门落实职代会提案和决议，在企业管理费中列支职代会工作费用；要进一步规范企业行为，提高企业科学决策、民主决策的水平，推动企业的健康可持续发展。

另一方面，因为企业是所有者、经营管理者和职工的利益共同体，职代会要帮助企业完善重大决策，支持企业日常行政管理，组织和动员职工为完成企业的生产经营管理任务作出努力。职代会审议企业重大决策的过程，审议通过重要规章制度的过程，既是行使权力的过程，也是完善、帮助企业决策的过程。职代会作出决议，为企业的改革发展作贡献，不仅帮助企业行政实现和完成经营管理方面的目标与任务，也维护了职工的根本利益与长远利益。

（三）职工代表大会与工会的关系

企事业单位工会委员会是职代会的工作机构，负责职代会的日常工作。工会作为职代会的工作机构有独特的优势。第一，从我国职工民主管理的历史上看，工会一直是推行职工民主管理的积极参与者和具体组织者，在长期的工作实践中积累了丰富的经验。第二，工会作为职代会的工作机构是由工会的性质和任务决定的。工会的基本职责是“维护职工合法权益，竭诚服务职工群众”，通过职代会，工会可以更有效地履行自己的职责、完成自己的任务。第三，工会作为职代会的工作机构也是由工会的地位和作用决定的。从党政工三者在企事业单位中的地位和任务来看，只有工会才能担负职代会工作机构的任务。工会委员会作为职代会日常工作机构，应承担下列工作：

（1）向职工宣传党和国家工人运动、工会工作的方针政策和有关法律法规，宣传民主管理知识，宣传职代会的性质、任务、职权和作用，增强职工的民主素质；

（2）负责职代会的筹备工作，组织选举职工代表，征集职工代表提案，提出大会议题、议程的建议，提出大会主席团、专门委员会、代表团等组成方案与建议人选；

（3）做好大会期间的组织工作；

（4）大会闭幕后，组织传达大会精神，宣传大会决议，检查和督促有关部门执行大会决议和落实职工代表提案；

（5）提出参加平等协商和董事会、监事会的职工代表候选人；

（6）组织专门委员会开展巡视、检查、调解、质询活动，主持召开职代会联席会议；

（7）组织开展职工代表巡视检查和述职评议工作；

（8）定期培训职工代表，提高职工代表参与决策、管理和监督的能力；

（9）受理职工代表的申诉和建议，维护职工代表的合法权益；

（10）完成职代会交办的其他工作。

为做好职工民主管理和职代会的工作，工会要抓好三个环节：一是教育工作，在党组织的领导下，做好职工群众的思想政治工作，教育职工提高主人翁意识和当家作主的自觉性，正确处理民主与集中、权利与义务的关系；二是组织工作，建立健全各种民主管理的组织和制度，做好职代会的筹备，贯彻落实大会决议等一系列工作；三是维护工作，工会要勇于同侵犯、压制职工民主权利的行为作斗争。

七、职工代表大会的特殊形式

新形势下坚持和发展职代会制度，要研究新情况、总结新经验、解决新问题，使职代会制度更好地适应新时代的特点和要求，如企业集团化趋势，中小微企业分散化、行业化，新业态企业劳动用工灵活化、碎片化，新就业劳动者分子化、去组织化等情况。近年来，工会组织在集团职代会和区域（行业）职代会方面也进行了广泛的有益探索。

（一）集团职工代表大会

1. 集团职代会的含义

根据《企业民主管理规定》第十六条："集团企业的总部机关和各分公司、分厂、车间以及其他分支机构可以按照一定比例选举产生职工代表，召开集团企业职工代表大会，实行企业民主管理。集团企业的总部机关和各分公司、分厂、车间以及其他分支机构，按照本规定建立职工代表大会制度，在各自的职权范围内分别开展民主管理活动。"这里所说的集团企业泛指包括企业集团和多个子公司、分公司组成的多层级管理的大型企业在内的集团性质的企业。全国总工会印发的《关于推行企业集团职工代表大会制度的意见》，明确"集团职代会"的含义为"企业集团总部和所属基层单位按照一定比例选举产生职工代表，对涉及企业集团改革发展和职工权益有关事项履行民主程序、行使相应职权的职代会"，并从"坚持党的领导，依法有序、融入治理、协同推进、注重实效"等方面明确了推行集团职代会的基本原则。

2. 集团职代会的职权

《关于推行企业集团职工代表大会制度的意见》对集团职代会的职权作了明确规定。

（1）集团职代会的职权内容

审议建议权。集团职代会应听取企业集团工作报告，审议企业集团经营方针、中长期发展规划、年度计划、财务预决算、安全生产等重要事项的报告；审议企业集团改制方案和重大改革措施；审议企业集团员工持股方案；审议企业集团制定、修改或者决定的有关劳动报酬、工作时间、休息休假、劳动安全卫生、保险福利、职工培训、劳动纪律以及劳动定额管理等直接涉及职工切身利益的规章制度或者重大事项方案，提出意见和建议。

审议通过权。集团职代会应审议企业集团民主管理制度实施办法；审议企业集团集体合同草案、专项合同草案、企业年金方案、住房制度改革方案；审议职工奖惩办法、劳动模范推荐人选等重大事项。在审议的基础上，进行投票表决，形成通过或不通过的决议。国有及其控股企业集团产权转让、合并、分立、改制、解散、破产实施方案中职工的裁减、分流和安置方案也应当经集团职代会审议通过。

监督评议权。集团职代会应监督企业集团及所属基层单位建立和健全完善职代会和厂务公开等民主管理制度情况；监督企业集团职代会决议贯彻执行情况和提案落实情况；审查监督企业集团及所属基层单位执行劳动法律法规和劳动规章制度的情况；审查监督企业集团及所属基层单位履行集体合同的情况；民主评议企业集团职工董事、职工监事。国有及其控股企业集团应当通过集团职代会民主评议集团领导人员。

民主选举权。集团职代会应依法选举或罢免企业集团职工董事、职工监事；选举集团职代会专门委员会（小组）成员；选举依法进入破产程序企业集团的债权人会议和债权人委员会中的职工代表；选举法律法规规定或者企业集团党委、行政与工会协商确定应当由集团职代会选举产生的其他人员。

法律法规赋予职代会的其他权利。

（2）集团多级职工代表大会制度的职权衔接

集团企业职代会是集团企业实行民主管理的基本形式，其特点是可按照行政管理的分工建立多层级的职代会，在各自的职权范围内分别开展民主管理活动。因此，集团职代会的职权方面，尤其要注意不同层级职代会职权的衔接，明确界定集团级职代会、公司级职代会、业务单位级职代会、车间（班组）职代会等的职权范围和内容，规范民主程序，推进集团多级职代会制度平衡发展。

一方面，凡涉及集团系统改革调整的事项，集团企业职代会应当按照职代会职权要求履行相应的民主程序。涉及的基层企业，必须按照集团企业职代会的决议，细化本单位的方案，提交本级职代会审议并履行相应的民主程序。对分步实施改革调整的企业，集团职代会必须就下一阶段基层企业改革履行职代会民主程序等事项进行规制，以稳妥推进改革。

另一方面，凡集团公司制定的涉及整个系统的薪酬福利等制度以及工资增幅、企业年金、补充公积金、职工股权激励等方案，应根据基层实际情况，提出分类指导和规范要求，并提交集团公司职代会表决后实施。基层企业结合各自实际，细化本企业方案，提交本级职代会审议通过后实施。

3. 集团职代会的组织和工作制度

集团职代会的组织和工作制度具体可参照全国总工会《关于推行企业集团职工代表大会制度的意见》制定。如：职工代表一般应在集团本级或基层单位职代会职工代表中经民主选举产生，职工代表的具体结构、比例和产生办法，由集团公司行政与工会协商确定，并提交职代会审议通过，集团中层以上管理人员和领导人员，原则上不超过职工代表总数的20%，所属单位多、分布广的集团中层以上管理人员和领导人员一般不超过代表总数的35%。

（二）区域（行业）职工代表大会

1. 区域（行业）职代会的含义

根据《企业民主管理规定》第十五条，区域（行业）职代会是指县级以下一定区域或性质相近的行业内，若干尚不具备单独建立职代会制度条件的中小企业，通过民主选举代表联合召开会议，组织职工参与企业管理，协调解决区域（行业）内劳动关系共性问题的民主管理制度，也是区域（行业）实行厂务公开的有效渠道。区域（行业）职代会在本质上是一种通过代表制、联合制，在一定行政区域和行业范围内的创新民主形式。区域（行业）工会作为区域（行业）职代会的工作机构，负责组织建立区域（行业）职代会制度，并承担日常工作。推行区域（行业）职代会制度要遵循坚持党的领导、实事求是、借鉴创新、协调合作等原则。

2. 区域（行业）职代会的职权

根据《关于推行区域（行业）职工代表大会制度的意见（试行）》，区域（行业）职代会的主要职责有：

（1）听取区域（行业）执行国家有关劳动法规政策情况报告，区域（行业）劳动关系状况报告，并提出意见和建议；

（2）讨论区域（行业）内企业有关劳动报酬、工作时间、休息休假、劳动安全卫生、保险福利、职工培训、劳动纪律以及劳动定额管理等直接涉及职工切身利益的重大问题，提出意见和建议；

（3）讨论通过区域（行业）集体合同草案和专项集体合同草案；

（4）审议监督区域（行业）内企业执行劳动法律法规和区域（行业）职代会决定事项情况，签订和履行劳动合同、集体合同情况，缴纳社会保险费情况，实行厂务公开情况等；

（5）审议决定区域（行业）职代会的其他事项。

3. 区域（行业）职代会的组织与工作制度

区域（行业）职代会的组织和工作制度可以参照职代会的相关规定。其职工代表应当有充分的代表性，应在企业经营管理者、工人、技术人员和区域（行业）工会、企业代表组织以及管理部门中合理分配代表名额，企业工人代表人数不得少于代表总人数的50%。职工代表选举经区域（行业）工会与有关方面协调形成推选方案后，由区域（行业）内的企业职工民主选举产生。

区域（行业）工会组织作为区域（行业）职代会的工作机构，要认真负责地做好区域（行业）职代会的日常工作，包括征集职工代表提案，提出大会议题的建议；负责大会的筹备工作和组织工作，提出大会的议程和日程建议；提出大会主席团、专门委员会（小组）的设立方案和组成人员建议名单；在区域（行业）职代会闭会期间，负责组织职工代表开展巡视、检查、质询等活动，监督大会决议的执行情况；对职工代表进行劳动法律法规和民主管理方面知识的宣传教育，组织职工代表开展学习和培训，提高职工代表素质等。

八、职工代表大会的操作流程

职代会的会议制度是职代会制度的核心内容。开好职代会的预备会议和正式会议是发挥职代会作用的基本途径；做好会前筹备、规范会中程序、落实会后决议也是开好职代会、落实职代会各项职权的基本要求。职代会的操作流程是本书的核心内容，将在第二、三、四章进行充分详细的阐述。图 1 至图 3 是职代会操作流程示例，分别针对“届中”、“新建或换届”的不同情况，梳理出简易流程和比较系统的全流程，供参考使用。

阶段	流程	主要内容和要求
会前	请示开会	向同级党组织请示开会，未建党组织的，行政与工会协商确定，并根据相应要求报上级工会
	征集提案	通知征集 → 调研成案 → 收集整理 → 审查立案 → 处理落实 → 总结表彰
	准备文件	会议所需文件材料，可根据实际情况调整： （1）大会议题和议程 （2）行政工作报告 （3）其他专项报告，如集体合同履行情况的报告等 （4）民主评议领导人相关文件材料 （5）大会选举、表决相关文件材料 （6）大会决议、讲话稿等
	通知开会 会前审议	1.发出会议通知，明确开会时间地点内容要求等 2.文件材料至少在会前7天发给职工代表 3.代表要认真预审文件，广泛征求选区职工意见或建议
会中	召开预备会议	1.通过大会议题、议程 2.决定大会其他有关事项
	召开正式会议	1.开幕式（清点人数） 2.行政工作报告 3.其他专项报告或需要提交会议审议的其他事项 4.分团（组）讨论 5.大会选举及表决（对有关方案、决议草案进行表决） 6.大会闭幕（领导讲话等） 【具体安排参考大会议程】
会后	会后及 日常工作	1.会议档案，精神宣传，决议落实，检查督促工作等 2.日常民主管理活动（如代表巡视检查等） 3.职代会联席会议工作

图 1　职代会流程图（届中简版）

阶段	流程	主要内容和要求
会前	制定方案 报请审批 成立机构	1.工会（或筹备机构）制定方案，报请同级党组织批复 2.未建立党组织的，由工会与行政协商确定，并根据相应要求报上级工会 3.审批后，发出筹备通知，成立筹备机构
	选举代表 组成团（组）	制定选举方案 → 开展选举工作 → 进行资格审查 → 组成代表团（组）→ 组织代表培训
	提案征集处理	通知征集 → 调研成案 → 收集整理 → 审查立案 → 处理落实 → 总结表彰
	确定议题 准备文件 通知开会 文件预审	1.确定议题和议程 2.准备会议所需文件材料 （1）大会筹备工作报告 （2）职工代表资格审查报告 （3）大会议题和议程 （4）大会主席团名单 （5）行政工作报告 （6）其他专项报告，如集体合同履行情况的报告等 （7）民主评议领导人相关文件材料 （8）大会选举及表决相关文件材料等 3.发出会议通知，明确开会时间、地点、内容、要求等 4.文件材料至少在会前7天发给职工代表 5.代表要认真预审文件，广泛征求所在选区职工意见或建议
会中	预备会议	1.听取职代会筹备情况报告 2.通过职工代表资格审查报告 3.通过大会议题、议程 4.决定大会其他有关事项 【预备会后召开主席团会议，不设主席团的，该部分内容由预备会议履行】
	正式会议	1.开幕式（清点人数、唱国歌、致词等） 2.行政工作报告 3.其他专项报告 4.分团（组）讨论 5.需要提交会议审议的其他事项 6.大会选举及表决（对有关方案和决议草案进行表决） 7.大会闭幕（表彰、颁奖、领导讲话等） 【具体安排参考大会议程】
会后	会后及闭会期间工作	1.会议档案，精神宣传，决议落实，检查督促工作等 2.日常民主管理活动（如代表巡视检查等） 3.职代会联席会议工作

图 2　职代会流程图（新建或换届简版）

阶段	流程	主要内容和要求	相关范例
会前筹备	建章立制	依法依规，结合单位实际，建立职代会制度	2–1.职代会制度范本
	制定方案 报请审批	1.工会（或筹备机构）制定方案，报请同级党组织批复 2.未建立党组织的，由工会与行政协商确定，并根据相应要求报上级工会	2–2.关于筹备召开职代会的请示 2–3.职代会筹备方案 2–4.关于同意召开职代会的批复
	成立机构 通知筹备	1.两者可衔接或者同时进行 2.根椐工作需要，领导小组可下设若干工作小组	2–5.职代会筹备机构职责及进度计划 2–6.关于筹备召开职代会的通知
	选举代表 组成团（组）	制定选举方案 → 开展选举工作 → 进行资格审查 → 组成代表团（组）→ 组织代表培训	2–7.职工代表选举实施办法 2–8.职工代表名额分配表 2–9.职工代表选票 2–10.职工代表选举计票结果报告表 2–11.职代会正式代表登记表 2–12.职工代表正式代表花名册
	设立专门机构	拟定组建方案 → 提出候选人建议名单 → 职代会主席团（或预备会）审议 → 职代会正式大会审议通过 → 专委会开会，民主推选负责人	2–13.职代会专门委员会（小组）候选人建议名单 2–14.职代会专门委员会（小组）工作制度

图 3 职代会流程图（新建或换届全流程版）

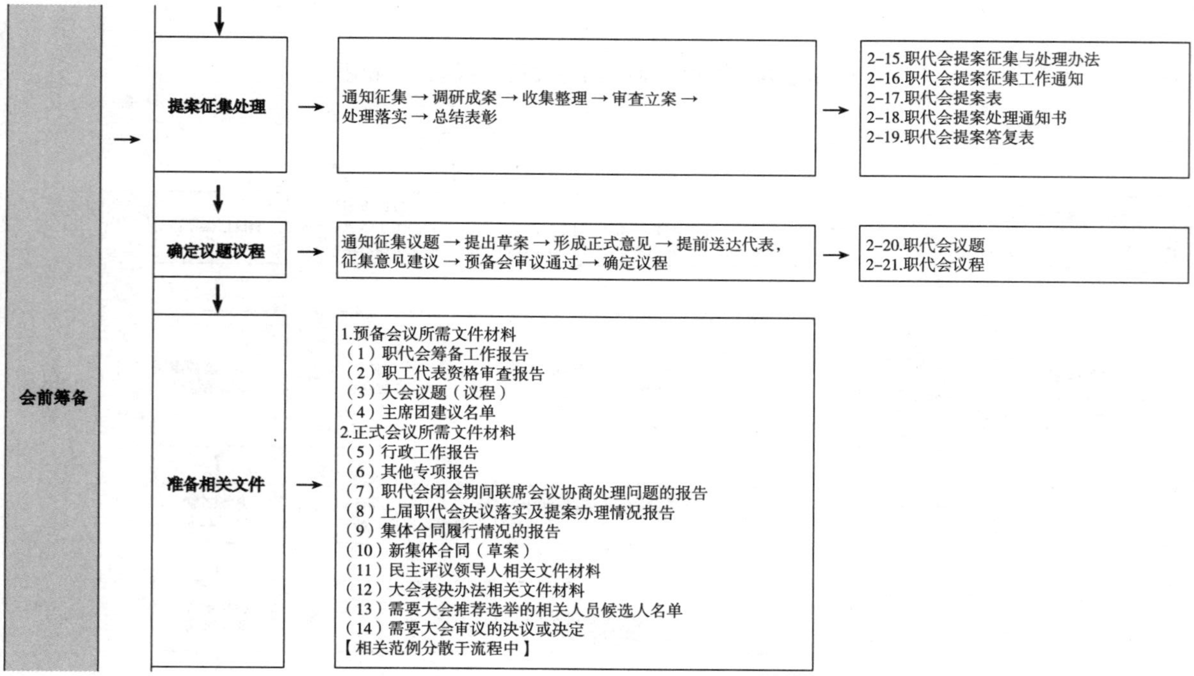

图 3　职代会流程图（新建或换届全流程版）（续）

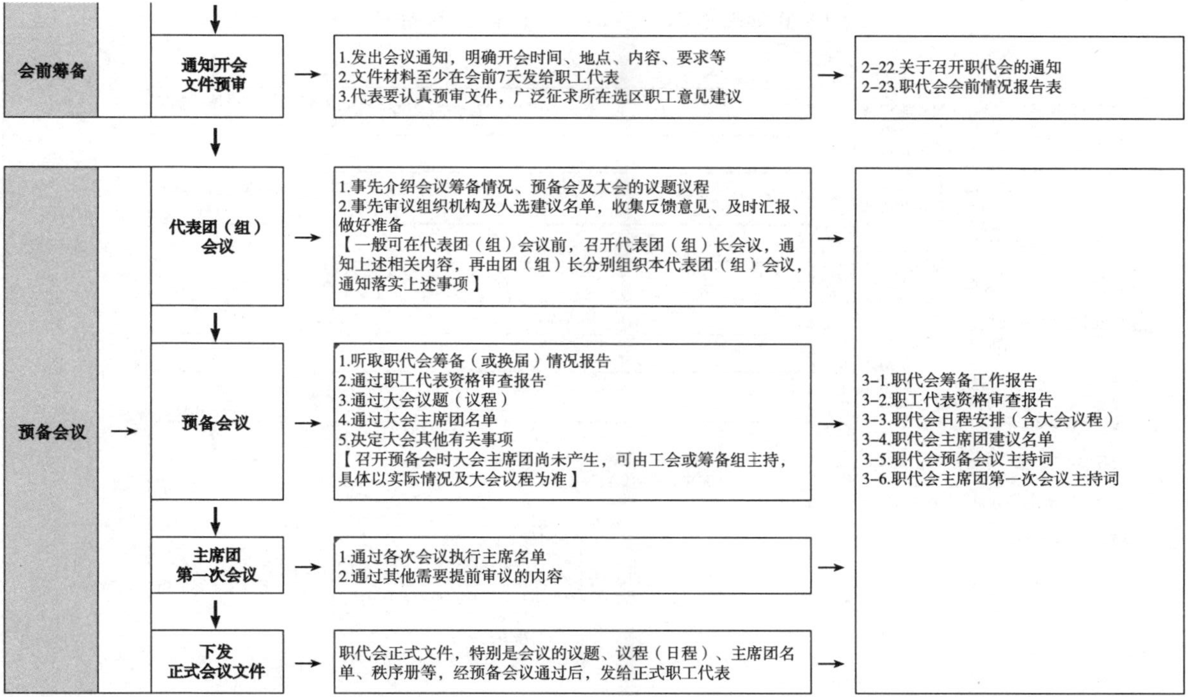

图3　职代会流程图（新建或换届全流程版）（续）

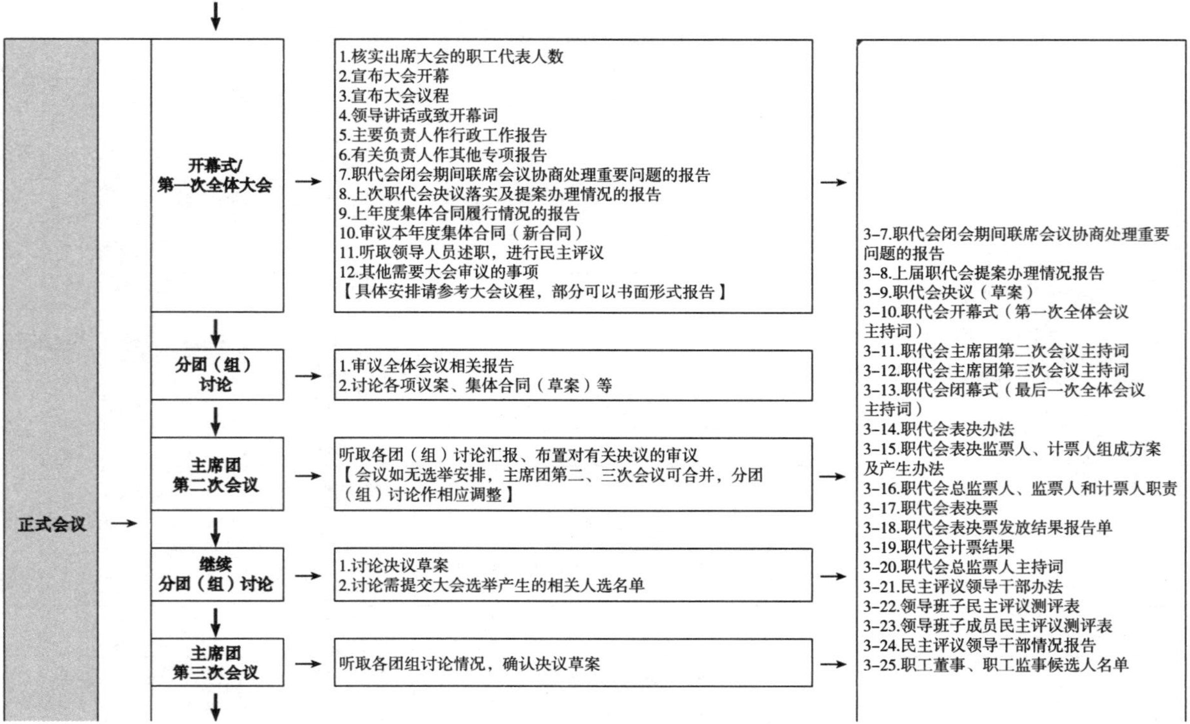

图 3　职代会流程图（新建或换届全流程版）（续）

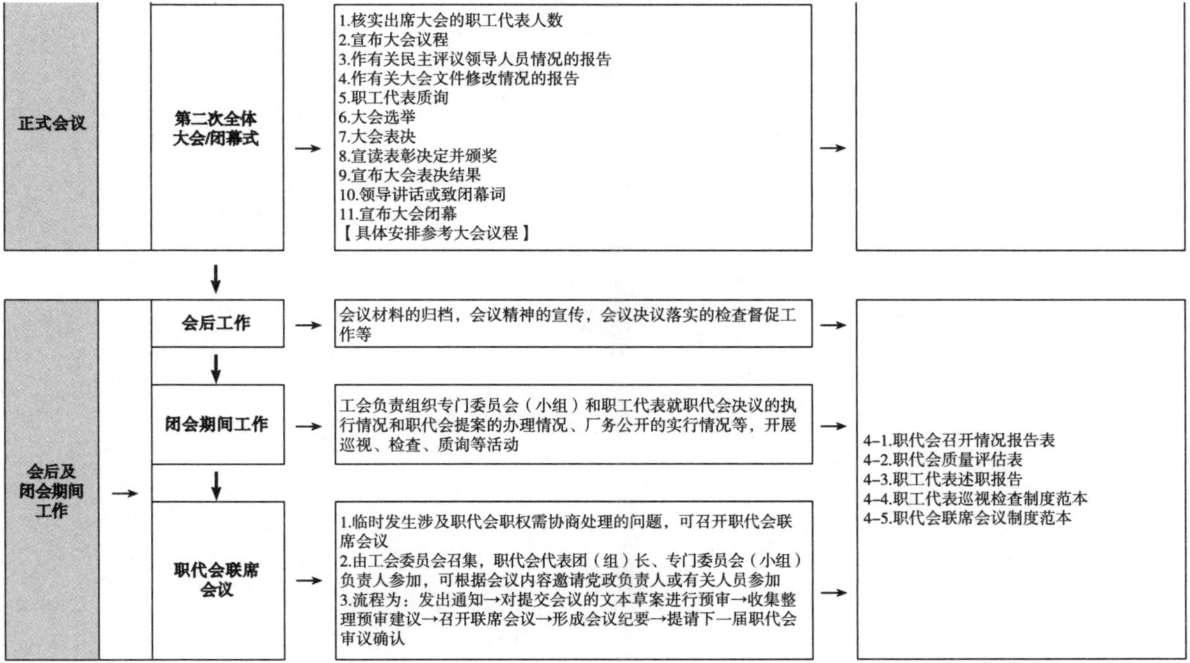

图 3　职代会流程图（新建或换届全流程版）（续）

第二章

职工代表大会会前筹备

▽▽CHAPTER 2

职代会每年至少召开一次，企事业单位党政工组织应高度重视，加强统筹协调，将职代会工作列入年度工作计划，形成“党组织领导，行政负责建制，工会积极运作，纪检部门监督，职工广泛参与”的工作格局。工会作为职代会的工作机构，负责职代会筹备工作，会议筹备涉及方方面面，为广大职工所关心瞩目，必须精心准备，统筹考虑，发挥好职代会在推动改革和发展、协调劳动关系、维护职工合法权益等方面的积极作用。

对于已经建立职代会制度的单位，届中召开职代会的筹备流程主要包括：请示开会，征集提案，确定议题，准备文件，通知开会，会前审议。需要注意的是，职工代表队伍若发生变化需要增补或撤换时，会前要按流程组织选举。职代会换届筹备流程主要包括：制定方案、报请审批，成立机构、通知筹备，选举代表、组成团（组），设立专门机构，提案征集处理，确定议题议程，准备相关文件，通知开会、文件预审。

对于首次建立职代会制度的单位，主要筹备流程与换届情况基本类似，但要增加建章立制的相关内容，即根据法律法规政策的规定，结合本单位实际，制定本单位的职代会实施办法（或细则），明确其职权内容和工作制度等，提交职代会审议通过，并将其纳入本单位管理制度体系。这是完善企事业单位民主管理制度体系和工作体系的重要内容，是新形势下民主管理工作提质增效的要求，也是促进职代会规范化建设的有效举措。

本章内容依照首次建立职代会制度的情况对会前筹备进行完整梳理，如图 4 所示。对于已建制度的单位，换届或届中开会时，结合自身实际参照所需内容执行即可。

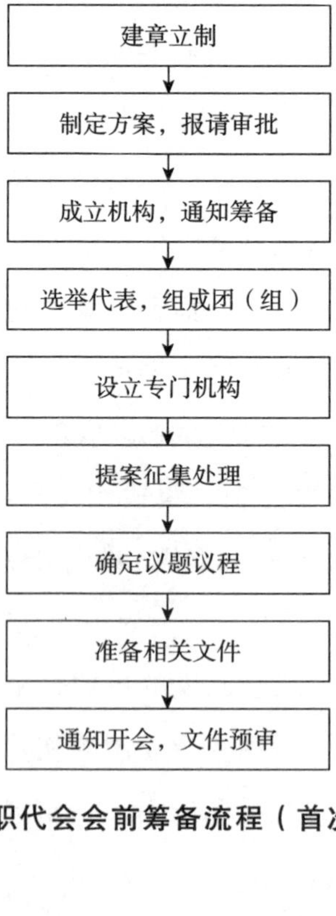

图 4　职代会会前筹备流程（首次建立）

一、建章立制

首次建立职代会制度的企事业单位，应当按照合法、有序、公开、公正的原则，建立以职代会为基本形式的民主管理制度，实行厂务公开，推行民主管理。单位行政管理方与工会委员会应根据法律法规政策的规定，结合实际，制定职代会实施办法（或细则），明确其职权内容和工作制度等，报同级党组织同意，提交职代会审议通过，并报上级工会备案。

第一，确定组织形式。职工大会和职代会是职代会制度的两种形式，二者在性质、任务、职权等方面没有区别，职代会在具体工作制度方面增加了职工代表的选举、罢免等内容。单位行政管理方与工会委员会可以根据单位的职工人数、实际需要和客观条件协商选择召开职工大会或职代会。根据相关规定，国有及非公企业职工人数 50 人以下的，集体企业职工人数 100 人以下的，应当召开职工大会，学校教职工人数不足 80 人的，应当召开教职工大会。

第二，确定职代会届期。职代会每届任期为三年至五年（教代会每届任期为三年或五年），具体任期由职代会根据本单位实际情况确定。职代会应当按期换届，遇到需要提前或延期换届的情况，应当经单位行政管理方与工会委员会协商一致，请示同级党组织同意，并将提前或延期换届理由向上级工会报告，同时将具体情况通过公开渠道让全体职工知晓。

第三，研究确定职代会职权内容和工作制度等。不同性质单位的职代会职权各有不同，各单位研究确定职代会职权要依照法律法规政策的规定，不能逾越或降低要求，也要因单位制宜，结合自身实际情况合理确定。工作制度也要体现单位实际和特色。如：职工代表的比例结构，要结合本单位职工队伍状况科学合理地界定，兼顾职工队伍的年龄、性别、政治面貌、岗位分布、管理层级、技术技能状况、群体差异等，体现广泛的代表性和充分的民主性，兼顾制度原则性和操作可行性。

在上述组织制度、职权内容和工作制度研究确定的基础上，起草形成本单位的职代会制度或实施办法、细则等，广泛征求职工意见，准备提交职代会审议，与此同时，紧密开展其他一系列筹备工作。

【范例 2-1】职代会制度范本

《** 集团公司职工代表大会制度》

（经 ** 年 ** 月 ** 日 ** 公司第一届第一次职代会审议通过正式施行）

第一章　总　则

第一条　为进一步推进 ** 集团有限责任公司（以下简称公司）民主政治建设，保障职工的知情权、参与权、表达权和监督权，促进公司持续健康发展，根据《公司法》、《工会法》、《企业民主管理规定》等有关规定，结合公司实际，制定本办法。

第二条　公司职工代表大会（以下简称公司职代会）是公司实行民主管理的基本形式，是职工行使民主管理权力的机构。

第三条　公司职代会在公司党委的领导下，贯彻执行党和国家的路线、方针和政策，正确处理国家、企业、职工三者之间的利益关系，在法律规定的范围内行使职权，依法维护公司的总体利益和职工的合法权益。集团公司所属各基层单位都要依法建立完善职工代表大会制度和其他民主管理制度。

第四条　公司职代会实行民主集中制。

第五条　本办法适用于公司各级工会。

第二章　组织与职权

第六条　公司职代会支持公司依法行使职权，组织和动员职工以主人翁精神投身公司生产建设和经营管理；公司尊重职工的民主权利，支持公司职代会正确行使职权，为公司职代会履行职权提供保证。

第七条 公司工会是公司职代会的工作机构，负责职代会的日常工作。其主要工作是：

（一）组织选举职工代表，做好职代会筹备和组织工作。

（二）收集、整理职工代表提案，提出公司职代会议题建议。

（三）组织职代会联席会议。

（四）组织专门委员会进行调查研究，向公司职代会提出建议，检查督促公司职代会决议、决定的执行，职工代表提案的落实，厂务公开的实施以及集体合同的履行等情况。

（五）组织职工代表学习法律、政策、业务和管理知识，负责职工代表培训、评议工作，接受和处理职工代表的申诉和建议，维护职工代表的合法权益。

（六）报告上次公司职代会以来各项决议和职工代表提案的落实情况。

（七）组织开展公司民主管理的其他工作。

第八条 公司职代会行使下列职权：

（一）审议建议权。听取公司工作报告，审议公司经营方针、中长期发展规划、年度工作计划、财务预决算等重要事项的报告；审议改制方案和重大改革措施；审议职工劳动安全卫生措施、职工教育、奖励方案和经费使用情况；听取经营管理方面的重大问题，制定重要规章制度以及听取厂务公开集体合同履行等情况的报告，并提出意见和建议。

（二）审议通过权。审议通过企业合并、分立、改制、解散、破产实施方案中职工的裁减、分流和安置方案，职工奖惩办法以及其他涉及职工切身利益的重要规章制度；审议经公司和工会协商提出的集体合同草案和企业年金方案等涉及职工切身利益方面的重大事项；审议提案征集处理落实的报告等。在充分审议的基础上，进行投票表决，形成通过或不通过的决议。

（三）监督评议权。监督公司执行劳动法律法规、履行集体合同和劳动合同、厂务公开和执行职代会决议／决定以及职工代表提案的办理情况；每年定期组织职工代表听取企业领导班子成员报告履行职责和廉洁自律的情况，并由职工代表进行民主评议和测评。

（四）民主选举权。依法选举、监督和罢免职工董事、职工监事；选举职代会专门委员会成员；选举劳动争议调解委员会中的职工代表等。

（五）法律法规赋予职代会的其他权利。

第三章　职工代表

第九条　按照法律法规规定，凡享有政治权利的公司职工，均可当选为职工代表。

第十条　公司职代会的职工代表以公司本部、各基层选区为单位，经过民主程序选举产生。职工代表的选举，须由本选举单位全体职工（代表）三分之二以上参加，候选人获得应到会人员的半数以上赞成票方可当选。

第十一条 职工代表实行常任制，任期同职代会届期相同，可连选连任。职工代表对选举单位的职工负责，选举单位的职工有权监督或者撤换本单位的职工代表。在届期内，有下列情况之一，需要终止代表资格或撤换职工代表，其缺额由选举单位按民主程序另行补选：

（一）调离公司系统，工作岗位跨选区变动，与企业解除劳动合同，退休或死亡，其代表资格自行终止。

（二）工作岗位变动，原选举单位认为已失去与原岗位相应代表性的，其代表应予调换。

（三）不能履行职工代表义务，其代表应予撤换。

（四）职工代表在受到纪检监察、公安、司法机关审查期间，其代表资格暂时中止。各级工会组织有权对触犯法律、受到行政或党纪处分及有其他不称职行为的职工代表提出罢免申请，罢免的民主程序由各级职代会或工会确定并履行。

第十二条 职工代表由公司领导、管理人员、技术人员和一线工人等方面代表组成。其中公司领导及各子（分）公司正职负责人不超过代表总数的35%；管理人员、技术人员和一线工人不低于代表总数的65%。在职工代表中，工会干部、劳模先进、技能人才、女职工、青年职工、少数民族职工和劳务派遣职工应占适当比例。

第十三条　职工代表的权利：

（一）在公司职代会上有选举权、被选举权和表决权；

（二）参与讨论公司的有关重大决策和重大问题，提出意见建议；

（三）征集职工群众的意见建议，提出议题议案；

（四）参加公司职代会及其工作机构组织的对公司职代会决议和提案落实情况的检查，以及其他民主管理活动；

（五）评议公司中层以上管理人员；

（六）参加公司组织的考察、培训、学习等活动。

第十四条　职工代表的义务：

（一）努力学习党和国家的方针政策、法律法规和现代企业管理知识，不断提高思想政治素质、技术业务水平和参与民主管理的能力；

（二）密切联系群众，代表和维护职工合法权益，如实反映职工群众的意见和要求；

（三）积极宣传、认真执行公司职代会的决议，努力做好本职工作，完成公司职代会交办的各项任务；

（四）关心公司发展，正确处理国家、企业和职工三者之间的利益关系，为公司发展献计献策；

（五）自觉遵守国家法律、法规和公司各项规章制度，支持公司依法行使职权，维护公司权威和形象。

第十五条　公司职代会可根据需要设列席代表和特邀代

表。列席代表、特邀代表的人数和范围，由公司工会与公司协商确定。列席代表、特邀代表可以在会上发表建议和意见，但无表决权、选举权和被选举权。

第十六条 公司职代会根据实际情况，按业务相近、人数适当等原则，将职工代表划分为若干代表团。各代表团选举团长 1 人，副团长 1~3 人。

第四章 组织制度

第十七条 公司职代会每届任期五年，每年至少召开一次会议，一般在公司工作会前或与工作会同期召开。每次会议必须有三分之二以上职工代表出席，方可召开。职代会作出的决议，必须经应到会正式职工代表半数以上通过，方为有效。职代会闭会期间，如遇重大事项，经公司经理层、工会或三分之一以上职工代表提议，并由公司党委审定同意后，可以召开职代会临时会议。

第十八条 召开公司职代会时，选举大会主席团主持会议和处理大会期间的有关事宜。主席团实行非常任制，主席团成员由公司工会提出候选人名单，经公司党委同意，在职代会预备会议上由全体职工代表表决通过。主席团成员应有公司领导、管理人员、技术人员和一线工人，人数可以根据具体情况确定。劳模先进人物、青年职工和女职工的代表在主席团成员中应有适当名额。

第十九条 公司职代会在其职权范围内所决定的事项，

未经公司职代会同意不得修改。

第二十条　公司职代会闭会期间，除确需提交职代会讨论审议的事项外，其他需要临时解决的重要问题，由职代会联席会议处理，并向下一次职代会报告。联席会议可根据需要和会议议题邀请公司领导和有关部门负责人参加。

第五章　专门委员会

第二十一条　公司职代会根据工作需要，设立提案工作、安全生产、规章制度、教育培训、权益维护、生活福利6个专门委员会。每个专门委员会由5~7人组成，设主任1名、副主任1名。各专门委员会的人选，一般在职工代表中提名，也可聘请部分熟悉业务的非职工代表，经公司党委同意，在公司职代会上由全体职工代表表决通过。

第二十二条　各专门委员会的任期与职代会届期相同，其间如委员不能履行职责时，可进行调整，在下一次公司职代会上予以确认。

第二十三条　专门委员会主要工作：

（一）审议提交公司职代会的有关议案；

（二）检查督促有关部门、单位贯彻执行职代会决议和处理职工代表提案；

（三）参加公司与专门委员会工作有关的会议；

（四）在公司职代会闭会期间，根据职代会的授权，参与职代会联席会议，审定属本专门委员会职责范围内需要临时解决的问题，并向职代会报告，由职代会予以确认；

（五）开展经常性的工作，完成公司职代会交办的其他有关事项。

第六章　职代会的日常工作制度

第二十四条　联席会议制度。

公司职代会的联席会议在职代会闭会期间，由工会主持召开，就需要临时解决涉及职工切身利益的重要问题，以及对职代会审议通过的方案在实施中发生的个别需要作部分修改或补充的问题进行协商处理，履行民主程序。联席会议形成的意见以纪要形式做出，且必须向下一次职代会报告，提请确认，职代会对职权范围内的事项具有最终审定权。联席会议由工会委员会召集，由职工代表团团长、专门委员会负责人等有关人员组成。联席会议可以根据会议内容邀请本企业其他有关人员参加。

第二十五条　职工代表巡视检查制度。

在公司职代会闭会期间，要组织部分职工代表对公司职代会各项决议、决定执行和提案落实的情况进行检查和监督；也可以组织部分职工代表通过向有关部门询问、查阅报表资料、提合理化建议等形式，对公司重大决策的执行情况、职工群众关心的热点问题等内容进行巡视检查，督促相关部门对有关问题进行及时改进。

第二十六条　职工代表培训制度。

要制订关于职工代表培训的规划和专题培训目标，组织全体职工代表在任职期内分期分批参加法律法规、现代企业管理、民主管理等业务知识的培训，不断提高职工代表的综合素质。

第七章　附　则

第二十七条　本办法由公司工会工作部负责解释、修订。

第二十八条　本办法自发布之日起施行。

二、制定方案，报请审批

方案是行动的纲领。届中开会一般由工会草拟召开职代会的方案，新建或换届需制定筹备工作方案或换届工作方案，经与党政协商后确定。新建职代会的筹备工作方案一般由前述的筹备机构起草，主要包括下列内容：

（1）明确大会筹备工作的领导机构、工作机构及其组成人员和工作职责；

（2）确定大会的主要任务，如大会指导思想、工作思路与目标、需大会审议的文件和提案、选举产生专门委员会（小组）、民主评议领导人等有关事项；

（3）确定大会代表的条件、构成及产生程序；

（4）确定领导机构的配置和推选、选举办法；

（5）拟定大会召开日期及会期日程安排；

（6）预算大会经费等。

职代会的筹备工作在企事业单位党组织统一领导下进行，单位建立党组织的，向同级党组织请示关于筹备召开职代会的事项。未建立党组织的，由工会与单位行政管理方协商确定，并根据上级工会的要求进行报备。请示内容主要包括：大会指导思想和任务，筹备组织机构，职工代表的产生和比例，大会的时间、内容计划安排，费用预算等。

同级党组织对职代会的请示进行批复，未建立党组织的，由上级工会进行指导。工会或筹备组根据同级党组织的批复精神或上级工会指导意见做出本次大会的安排，并在此基础上开展各项筹备工作。

【范例 2-2】关于筹备召开职代会的请示

** 公司关于筹备召开首届一次职工代表大会的请示

** 公司党委：

根据《企业民主管理规定》的有关要求，职代会是企业实行民主管理的基本形式，是贯彻落实党的方针政策的重要途径。为进一步加强党对民主管理工作的领导，健全完善以职代会为基本形式的企业民主管理制度体系，充分调动广大职工参与民主管理的积极性，促进企业健康和谐发展，我公司拟于 ** 年 ** 月筹备召开首届一次职代会，现将筹备工作的有关事项请示如下：

一、大会指导思想与中心任务（略）

二、大会主要议题（略）

三、大会代表的条件、构成及产生程序

本单位现有职工 ** 名，根据相关规定，代表比例为 **，本次大会设代表 ** 名，特邀代表 ** 名……

（一）代表条件（略）

（二）代表构成（略）

（三）代表产生程序（略）

四、大会拟于 ** 年 ** 月 ** 日召开，会期为 ** 天。

以上请示妥否，请批示。

附：** 公司首届一次职工代表大会筹备方案（略）

** 工会委员会

** 年 ** 月 ** 日

【范例 2-3】职代会筹备方案

** 公司首届一次职工代表大会筹备方案

根据《企业民主管理规定》，** 公司首届一次职代会的筹备工作由工会第 ** 届委员会负责，为保证筹备工作的顺利进行，设立筹备工作领导机构和工作机构，并制定大会筹备工作方案。

一、大会指导思想与中心任务

以习近平新时代中国特色社会主义思想为指导，贯彻公司 ** 年战略和经营指导思想，坚持全心全意依靠职工办企业的根本方针，广泛体现职工参与企业管理的意志，团结和动员广大职工，为公司战略目标的全面实现努力奋斗……

二、大会筹备机构

（一）领导小组

组长：**

副组长：**

成员：**

主要职责：（略）

（二）工作小组

1. 职工代表选举工作组

组长：**，成员：**，主要职责：（略）；

2. 提案工作组：

组长：**，成员：**，主要职责：（略）；

3. 评议干部组

组长：**，成员：**，主要职责：（略）；

4. 秘书组

组长：**，成员：**，主要职责：（略）；

5. 会务组

组长：**，成员：**，主要职责：（略）；

6. 宣传组

组长：**，成员：**，主要职责：（略）。

三、大会代表的条件、构成及产生程序

本单位现有职工 ** 名，根据相关规定，代表比例为 **，本次大会设代表 ** 名，特邀代表 ** 名……

（一）代表条件（略）

（二）代表构成（略）

（三）代表产生程序（略）

四、大会拟召开日期及主要议题

（一）会议日期（略）

（二）会议议题（略）

五、大会经费预算（略）

附：大会筹备机构职责及进度计划（略）

** 工会委员会

** 年 ** 月 ** 日

【范例 2-4】关于同意召开职代会的批复

** 公司党委关于同意召开首届一次职工代表大会的批复

** 工会：

《关于筹备召开首届一次职工代表大会的请示》已收悉，经 ** 公司党委第 ** 届第 ** 次会议研究，同意召开首届一次职代会。现将党委会会议纪要相关内容下发，请按照《企业民主管理规定》及《关于进一步加强中央企业职工代表大会制度建设的指导意见》等有关规定以及党委会会议纪要的意见开展工作。

此复。

** 公司党委

** 年 ** 月 ** 日

三、成立机构，通知筹备

届中开会或换届，由工会委员会牵头完成大会各项筹备工作。

首次召开职代会前，应当成立由企事业单位党组织、行政管理方、工会委员会等方面人员组成的筹备机构。筹备机构的主要任务是：起草本单位职代会实施办法（细则）；组织选举职工代表；起草职代会筹备工作情况报告；研究确定本次职代会主要议题和议程；听取职工的意见和建议等。

筹备机构由领导小组及负责各项专门事务的工作小组构成。领导小组在同级党组织领导下，负责全面协调筹备工作，重大问题经行政与工会协商讨论并报同级党组织审批；工作小组可根据实际需要进行设置，如职工代表选举工作组、提案工作组、秘书组、会务组、宣传组等，负责大会各项具体工作。

成立筹备机构的同时或前后衔接时，就可以发出筹备通知，紧密开展各项工作了。通知内容基本上就是前述筹备方案以及批复意见的内容。

【范例 2–5】职代会筹备机构职责及进度计划

** 公司首届一次职工代表大会筹备机构职责及进度计划

为做好公司首届一次职代会的筹备工作，成立公司职代会筹备机构，由领导小组和工作小组构成，具体负责组织职代会的各项筹备工作。

一、领导小组

组长：公司党委书记（董事长）

副组长：工会主席、有关副总经理

组员：有关部门负责人、工会委员会委员等

职责：全面负责职代会的筹备和会务组织工作。

二、工作小组

1. 职工代表选举工作组

组长：**，成员：**。

主要职责：负责制定职工代表选举方案；指导各选举单位组织实施选举和代表团（组）的编组；代表资格审查及审查报告的撰写；负责大会正式代表、列席代表、特邀代表和主席团（台）的座次安排和名册编写；负责代表证件的购置、分发等工作。

2. 提案工作组：

组长：**，成员：**。

主要职责：负责根据大会中心议题进行提案的征集和处理工作。

3. 评议干部组

组长：**，成员：**。

主要职责：提出职代会民主评议领导干部的方案；做好评议领导干部工作；听取、收集各代表团（组）的评议意见，汇总评议结果，起草评议领导干部情况报告；向大会和上级主管机关报告评议结果。

4. 秘书组

组长：**，成员：**。

主要职责：负责会议相关报告、文件的起草、修改、校对、印刷、取送、汇编工作；主席团会议及其他会议的记录工作；收集汇总各代表团（组）的审议讨论情况及意见反映；大会文件的分发等工作。

5. 会务组

组长：**，成员：**。

主要职责：负责代表的接送、食宿安排；负责大会日程、会场安排及各代表团（组）的联络；大会的其他服务工作。

6. 宣传组

组长：**，成员：**。

主要职责：负责大会的宣传和新闻报道工作；负责会场布置和环境宣传；负责大会的摄影、摄像、音响等；负责会议期间的文化活动安排。

三、筹备组职责分工及进度计划表

组别	工作内容	完成时间
职工代表选举工作组	制定选举方案	** 月 ** 日
	……	** 月 ** 日
提案工作组	下发提案征集通知	** 月 ** 日
	……	** 月 ** 日
评议干部组	下发民主评议干部通知	** 月 ** 日
	……	** 月 ** 日
秘书组	起草行政工作报告	** 月 ** 日
	……	** 月 ** 日
……	……	……

【范例 2-6】关于筹备召开职代会的通知

** 公司关于筹备召开首届一次职工代表大会的通知

各子公司（分公司、分厂、车间、科室，下同）：

职代会是企业实行民主管理的基本形式，是职工行使民主管理权利的机构。为进一步完善以职代会为基本形式的企业民主管理制度体系，充分调动广大职工参与民主管理的积极性，促进企业健康和谐发展，经公司党委批复，我公司拟于 ** 年 ** 月召开首届一次职代会，具体时间另行通知。现将大会有关筹备事项通知如下：

一、大会指导思想

以习近平总书记关于工人阶级和工会工作的重要论述为指导，深入贯彻落实党的二十大和中国工会十八大会议精神，坚持全心全意依靠工人阶级的指导方针，认真落实《工会法》等法律法规，强化以职代会为基本形式的民主选举、民主协商、民主决策、民主管理和民主监督，落实职代会各项职权，维护职工合法权益，调动广大职工的积极性，更加充分地发挥职代会作用，促进公司改革、发展和稳定，为实现公司 ** 年的各项奋斗目标作出新贡献。

二、大会主要内容（议题）

（一）审议

1.《** 公司 ** 年行政工作报告》

2.《** 公司 ** 年财务工作报告》

（二）审议通过

1.《** 公司 ** 年集体合同（草案）》

2.《** 公司职工代表大会制度实施细则》

（三）民主评议领导干部

（四）选举职代会专门委员会、职工董事、职工监事等有关组织机构及人员

（五）表彰先进集体及人员

（六）其他需要提交职代会审议、通过或决定的事项

会议主要文件将于会前 7 天发给各代表团（组），由各代表团（组）召集代表组织预审，提出意见和建议，及时汇总整理后报职代会筹备机构的秘书组。

三、职工代表的产生

（一）代表条件

职工代表应是享有政治权利的本公司正式职工。并具备以下条件：

1. 认真学习和执行党的方针、政策，严格遵守国家的法律、法规；

2. 密切联系群众，有较高的威信，能代表和反映职工群众的意见和要求；

3. 模范遵守企业的各项制度，积极做好本职工作；

4. 具备参与单位民主管理的能力素质，善于调查研究，

积极为单位改革发展稳定建言献策。

（二）代表比例及结构

职代会的代表按公司职工总数 ** 的比例选举产生，代表总数为 ** 人。按照有关规定，代表结构为：一线生产人员代表 ** 人，占代表总数的 50%；专业技术和一般管理人员 ** 人，占代表总数的 30%；中层正职以上领导干部代表 ** 人，占代表总数的 20%。青年职工、女职工、劳模、技能人才和少数民族代表应占适当比例。名额分配到各分公司（选区）。

（三）代表选举

各分公司（选区）代表的产生由各分公司按照代表条件和分配名额，组织分公司职工通过无记名投票差额的方式民主选举产生。代表分配名额、代表条件、选举结果要向全体职工公开。代表选举工作应在 ** 年 ** 月 ** 日前完成，经分公司党支部同意后，上报公司职代会筹备机构的职工代表选举工作组进行代表资格审查。

四、大会组织机构

1. 职工代表团（组）。** 届职代会代表结合集团公司下属分公司、子公司的组织结构以及集团总部各职能部门的结构进行划分，组成相应的代表团（组），按照有关规定推选组长和副组长。

2. 职代会主席团。按照有关规定，本次职代会设立主席团，人数约占职工代表总数的 10%，具体建议人选经职代会预备会通过。

3. 职代会专门委员会。按照有关规定，本届职代会设立代表资格审查、提案工作、规章制度、生活福利、民主评议等专门委员会，每个委员会人数 3~5 名不等，设主任 1 名，具体人选由职代会正式大会审议通过。

五、提案征集

1. 征集

公司职工代表选举产生后，各分公司要组织职工代表围绕经营管理、安全生产、职工生活福利等属于职代会权限内的重大问题，广泛征集职工群众的意见，由职工代表填写提案表，提交至各分会。各分会要对提交的提案认真进行初步审核，并汇总整理，于 ** 月 ** 日前报公司职代会筹备机构的提案工作组。

2. 要求

新当选的职工代表要广泛调查研究论证，认真撰写提案。提案应符合三个基本原则：一是属于 ** 职权范围内能够解决的问题；二是有关大会中心议题以及单位改革发展、经营管理、安全生产、劳动关系和谐、挖潜提效、技术进步、后勤保障、生活福利、队伍稳定等方面的重要问题；三是提案要符合一事一案、简明扼要、案名精确、案由充分、建议可行等规范标准。详见提案征集通知。

六、组织领导

为开好本次职代会，经公司党委批复，成立首届一次职代会筹备机构，设领导小组和工作小组，具体负责职代会的各项准备工作。名单及主要任务详见附件。

此次职代会是我公司加强企业民主管理，组织职工民主参与的重要会议，会议将对我公司今年和今后一个时期的工作有着重要意义。各分公司要按照文件要求，认真做好职代会的筹备工作，认真选举职工代表，预审好大会文件，保证大会的顺利召开。

为提高职工代表的参政议政能力，公司工会将对新当选的职工代表进行培训，学习有关法律法规和民主管理知识。各分公司要动员广大职工发扬主人翁精神，搞好安全生产，以实际行动迎接公司首届一次职代会的召开。

附件：1. 大会筹备机构职责及进度计划表（略）

2. 职工代表名额分配表（略）

3. 正式代表登记表（略）

4. 提案表（略）

** 公司党委

** 公司工会

** 年 ** 月 ** 日

四、选举代表，组成团（组）

职工代表是按照一定民主程序选举产生，代表广大职工参加职代会、行使民主管理权力的职工。选举职工代表是职代会的关键环节，职代会不允许有任何“当然代表”和“指定代表”，所有职工代表均需选举产生，充分体现选举人的意志。要严格按照选举办法，坚持公开、公平、公正的原则，既要体现民主，又要把握原则，坚持自下而上和全员参与的做法，确保程序公正。

职代会届中一般根据职工代表队伍变化情况，进行代表撤换、补选，流程与正式选举相同。新建或换届时，工会要组织好职工代表的选举，进行代表资格审查，分选区组成代表团（组），推选代表团（组）长。企业集团或规模较大、管理层次较多的单位，可由下一级职代会选举上一级职代会的代表。职工代表选举的一般流程如图 5 所示。

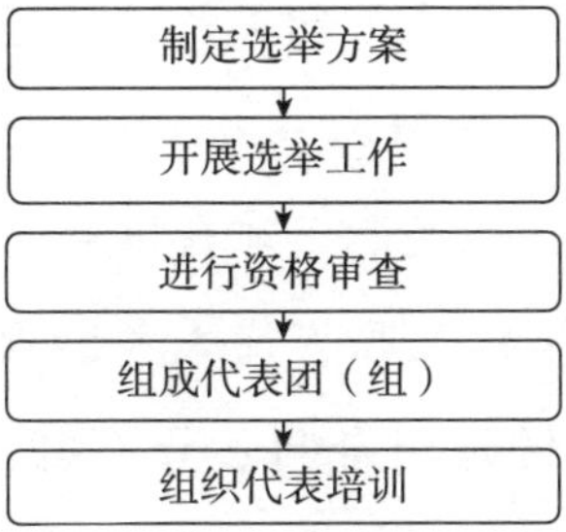

图 5　职工代表选举流程

（一）制定选举方案

选举方案是做好职工代表选举工作的基础和前提，一般由工会起草，召开职工代表团（组）长和专门委员会（小组）联席会议讨论通过；首次召开职代会的，可由职代会筹备机构讨论制定，然后由工会按选举方案组织实施具体工作。

选举方案应包括代表的条件、人数、构成比例、选区划分及分配意见、选举产生办法和操作步骤等。其中分配意见应包括单位（部门、区域）代表数、代表的构成安排（一线员工、管理与技术人员、性别、年龄、民族等多种因素）、有关领导参与区域选举的安排等。建议各单位在实操中将上述主要内容明确写入本单位的职代会制度细则或者选举方案中，让实际操作更有依据、更具可行性。

1. 职工代表的资格

就企业而言，《企业民主管理规定》第二十三条规定，与企业签订劳动合同建立劳动关系以及与企业存在事实劳动关系的职工，有选举和被选举为职工代表大会代表的权利，即与企业建立劳动关系的职工才有资格当选职工代表。

对于学校，《学校教职工代表大会规定》第九条规定："凡与学校签订聘任聘用合同、具有聘任聘用关系的教职工，均可当选为教职工代表大会代表。"可以理解为，只有与学校建立聘任聘用关系的教职工才有资格当选职工代表。

对于纳入公务员或事业编制管理的人员，他们与用人单位建立的是“工作关系”，其权利义务不适用劳动法律，由其他法律法规规章及政策来调整。但是他们以工资收入为主要来源，属于“职工”范畴。因此可以理解为：与事业单位、国家机关建立“工作关系”的职工有资格当选职工代表。

关于劳务派遣工能否当选职工代表，我们在后面的特别问题中详细说明。

职工代表要具有一定的议事能力；有一定的业务技能知识和管理能力；有较强的责任感；关心企业，遵纪守法，联系群众，办事公正，在职工中具有较高的威信。

2. 职工代表的人数

根据《企业民主管理规定》，职工代表的人数按照不少于全体职工人数的 5% 的比例确定，同时确保职工代表的人数不少于 30 人；如果按此比例计算出的职工代表人数超过 100 人，超出部分的代表人数可以由行政管理方与工会委员会协商确定。该条规定对广大非公、国有企业均适用，其他事业单位可以参照，并结合实际、结合各单位系统内的相关要求进行精准界定。

学校教代会根据《学校教职工代表大会规定》，不足 80 人的建立教职工大会制度，教职工 80 人以上的建立教代会制度。代表人数由地方省级教育等部门确定，地方省级教育等部门没有确定的，由学校自主确定。

职工代表在一届任期内实行常任制，职代会换届时，职工代表经过民主选举可以连选连任，不受任期次数的限制。

3. 职工代表构成和比例

职代会的代表要具有广泛性、代表性，其中，直接从事生产经营的一线职工不少于代表总人数的60%，中层以上管理人员和领导人员一般不得超过职工代表总人数的20%。所属单位多、分布广的企业集团，中层以上管理人员和领导人员一般不超过代表总数的35%。促进女职工代表比例与单位女职工比例相适应，有被派遣劳动者的单位，职工代表中应有被派遣劳动者代表。此外，充分考虑青年职工、劳模、技能人才、民主党派代表等。

学校教代会的代表中要以一线教师为主体，教师代表不得低于代表总数的60%，并应当根据学校实际，保证一定比例的青年教师和女教师代表。民族地区的学校，少数民族代表应当占有一定比例。

4. 选区分配名额

职工代表应以分公司（厂）、部门（科室）、车间、班组等为基本选举单位，工会委员会综合考虑职工代表人数总额、各选区职工人数、职工代表构成和比例要求等，确定各选区的职工代表名额。

工会应通过多种形式，广泛宣传职代会的性质、意义、职权、任务和选好职工代表的重要性，组织职工学习《企业民主管理规定》等相关文件，明确职工代表的权利和义务，把选举职工代表的过程作为向职工进行民主管理教育的过程，使全体职工以高度负责的态度选好职工代表。

（二）开展选举工作

1. 代表选举

职代会换届选举工作一般由工会组织开展，行政管理方应予以支持配合，新建职代会的单位，也可以以筹备组名义共同组织实施。一般以班组、工段、车间、科室或分厂（分公司）等为基本选举单位，各选区按照分配的代表名额，通过召开选举单位全体职工会议，采用无记名投票方式进行直接选举。是否差额，可以结合单位或选区实际情况而定。选举会议应有三分之二以上职工参加。选举、罢免职工代表的决定，应经全体职工的过半数通过方为有效。如票数相等，则取反对票数少的当选；如反对票相等，则进行第二轮选举，直至代表产生为止。选举一般应当场公布结果，工会及时汇总选举结果，提交职工代表资格审查委员会（小组）审查，审查无误后，及时将职工代表名单通过厂务公开栏等形式向全体职工公布。

参加集团职代会的职工代表可以在企业集团总部和各所

属基层单位职代会的职工代表中选举产生，也可以在企业集团全体职工中直接选举产生。

2. 罢免和补选

职工代表因岗位变动、离职退休、解除或终止劳动合同等原因无法履行代表职责，代表资格自行终止。对无故不履行代表职责，或严重失职失去选区职工信任、严重违反本单位规章制度或因违法犯罪受到刑事处罚等原因难以胜任职工代表的，应当予以罢免。工会应及时掌握职工代表动态信息，发现需要罢免的情况，及时调查核实，并组织原选区履行罢免程序。一般为：

（1）组织原选区对需要罢免的职工代表的情况进行讨论，视情况需要，被罢免的职工代表可参加会议并进行申辩；

（2）经原选区全体职工半数以上同意，可以作出罢免决定；

（3）原选区将罢免职工代表的决定报告工会。

职工代表因罢免、岗位变动、离职退休、解除或终止劳动合同等原因出现缺额时，工会依照规定的民主程序，组织原选区按原比例结构补选职工代表，补选的民主程序与选举的民主程序相同。

（三）进行资格审查

职工代表资格审查委员会（小组）成员一般由工会、干部管理或人力资源、纪委监察等相关部门人员组成。审查的主要事项包括：

（1）职工代表结构比例是否符合相应规定；

（2）职工代表是否具备当选资格和条件；

（3）职工代表的产生是否履行规范民主程序；

（4）选举时是否存在作弊、贿选等不正当行为等。

经审查无误后，将代表选举结果予以公示。职工代表资格审查委员会（小组）起草代表资格审查报告，在大会预备会上进行报告，并制作代表名册。

（四）组成代表团（组）

工会根据职工人数、分布情况和实际需要来确定是否组成职工代表团（组）并选举代表团（组）长。如有需要，则将职工代表按照所属基层选举单位组成代表团（组）并推举团（组）长。

邀请列席代表。工会可以根据实际情况和职代会会议内容的需要，邀请一些未当选职工代表的领导人员、有关部门负责人和相关人员参会。列席代表可以在职代会或代表团（组）会议上发言，提出意见建议，但没有选举权和表决权。

（五）组织代表培训

代表选举出来以后，一般由工会牵头组织职工代表培训工作。培训内容主要是民主管理知识、职代会知识、怎样当好职工代表等，以提高职工代表的能力素质，使其更好地履行职责。各单位应当高度重视，积极推动开展职工代表培训，不断提升职工代表的履职能力。

（六）特别问题：关于劳务派遣工能否当选职工代表

劳务派遣是一种特殊的劳动用工形式，也是一种补充用工形式。为保障劳务派遣工的民主权利，《企业民主管理规定》第九条规定，“有女职工和劳务派遣职工的企业，职工代表中应当有适当比例的女职工和劳务派遣职工代表”。但在实际操作中往往没有那么简单，有些单位选举了劳务派遣工代表，反而引发了一些矛盾。支持者认为：劳务派遣工切身利益重要事项大多在用工单位，如果不让他们当选职工代表，又如何维护他们的权益呢？反对者认为：劳务派遣工不是本单位职工，且他们与派遣单位之间建立的才是劳动关系，在用工单位只是建立“用工关系”，怎么能当选职工代表呢？这确实是一个现实问题，也是理论问题，更是未来在政策和制度中需要明确界定、引导规范的问题。

劳务派遣工参加工会的权利在《劳动合同法》中规定的

是“派遣单位或用工单位”都可以，并没有具体到职代会相关内容。为破解这一难题，全国总工会在 2009 年《关于组织劳务派遣工加入工会的规定》明确了几大原则，并在 2019 年《基层工会会员代表大会条例》中明确为“劳务派遣工民主权利的行使，如用人单位工会与用工单位工会有约定的，依照约定执行；如没有约定或约定不明确的，在劳务派遣工会员会籍所在工会行使”。但关于职工代表资格也没有明确具体的规定。

鉴于劳务派遣用工的特殊性，在确定劳务派遣工能否当选为职工代表时，不能简单化处理，要运用法治思维和法治方式来思考和处理问题，不得脱离劳动关系的一般属性，且适当关注劳务派遣用工的特殊性。实际工作中从以下几个方面思考：

一是应以劳动关系为准。劳动关系是前提，劳务派遣工的劳动关系在劳务派遣单位，当选职工代表的权利应当在劳务派遣单位行使。

二是可以协议约定为准。如果劳务派遣单位和用工单位签订的协议中，对劳务派遣工的民主权利作出了明确约定的，可以协议约定为准。如果协议中没有约定或约定不明确的，劳务派遣单位和用工单位可以重新协商。如协商不成的，应回到以劳动关系为准。

三是可作为列席代表。如果用工单位的劳务派遣工数量较多，对本单位发展比较重要，在没有劳务派遣工职工代表的情况下，可邀请一定数量的劳务派遣工作为列席代表。

【范例 2-7】职工代表选举实施办法

** 公司第一届职工代表大会职工代表选举办法

为保障职工行使民主权利，维护职工合法权益，充分发挥职工的积极性、主动性和创造性，促进企业发展，根据《工会法》、《企业民主管理规定》，结合公司实际，特制定 ** 公司第一届职代会职工代表选举办法。

一、职工代表的条件

1. 与公司建立劳动关系并正常在岗工作的职工。

2. 拥护党的路线、方针、政策，具有一定的政治觉悟、政策水平。

3. 有一定文化、业务知识和表达能力，具备参与管理、参政议政的能力。

4. 主人翁责任感强，关心企业发展，工作积极，作风正派，正确维护企业、职工双方利益，依法有序履职。

5. 密切联系群众，热心为职工服务，真实准确地反映职工群众的愿望和要求，群众拥护。

二、职工代表的名额及分配

** 公司第一届职代会职工代表共 ** 名，占公司职工总

数的 **（百分数）左右。

按照群众性、广泛性、民主性的原则，职工代表中将覆盖公司领导、中基层管理者、专业技术人员和一线职工。其中，中层正职以上管理及领导人员代表 ** 名，占比 **；一线职工代表 ** 名，占比 **；女职工代表、少数民族、民主党派、劳模、技能人才等占一定比例。职工代表的名额分配根据各选区划分、选区职工人数和工作需要确定，详见选举通知。

三、职工代表的选举程序及要求

1. 由公司职代会筹备组制定职工代表选举办法、名额分配方案。

2. 经过充分酝酿，下发关于职工代表候选人建议人选名单，以各选区为选举单位组织职工进行选举。

3. 各选区根据代表分配名额和职工代表条件，遵循民主集中制原则，采用差额、无记名投票、直接选举的形式，经过自下而上选举产生。

4. 实际参加选举会议的人数超过选区职工人数的三分之二，则选举有效。被选举人以得票多少为序，取足应选名额；若得票数相等且不能确定当选人时，则就票数相等的候选人再进行投票选举，得票多的当选。

5. 各选区将投票过程及选举结果上报公司职代会筹备组，由筹备组向公司全员公示，公示期不少于 3 天。

四、职工代表的任期

职工代表实行常任制，本届职工代表的任期为5年。

五、选举时间

自**年**月**日至**月**日。

在选举过程中，如遇本办法未尽事宜，授权公司工会委员会研究决定。

**公司工会委员会

年月**日

【范例2-8】职工代表名额分配表

公司第届职工代表大会职工代表名额分配表

<table>
<tr><th rowspan="2">序号</th><th rowspan="2">选区</th><th rowspan="2">全体职工人数</th><th rowspan="2">职工代表人数</th><th colspan="3">代表分类</th><th colspan="4">代表构成</th></tr>
<tr><th>一线职工</th><th>专业技术人员</th><th>中层正职以上领导干部</th><th>女职工</th><th>青年职工</th><th>劳务派遣工</th><th>劳模、技能人才</th></tr>
<tr><td></td><td></td><td></td><td></td><td></td><td></td><td></td><td></td><td></td><td></td><td></td></tr>
<tr><td></td><td></td><td></td><td></td><td></td><td></td><td></td><td></td><td></td><td></td><td></td></tr>
<tr><td></td><td></td><td></td><td></td><td></td><td></td><td></td><td></td><td></td><td></td><td></td></tr>
<tr><td colspan="2">总计</td><td></td><td></td><td></td><td></td><td></td><td></td><td></td><td></td><td></td></tr>
</table>

【范例 2-9】职工代表选票

** 公司第 ** 届职工代表大会职工代表候选人选票

（以姓氏笔画为序排列）

意见						
候选人姓名	**	**	**	**	**	

说明：

1. 一律用黑色签字笔填写，字迹、符号要清楚。字迹模糊，不能辨认的部分无效。
2. 本选票采取无记名投票方式进行选举。
3. 选举人有权对选票上的候选人表示同意、不同意或弃权。如果同意选票上的候选人，在其姓名上方空格内画“○”；不同意某候选人，在该候选人姓名上方空格内画“×”；对某候选人表示弃权，不画任何符号。如果另选他人，要在后面空格内写上被选人的姓名，并在其姓名上方空格内画“○”，不画符号为弃权。
4. 本次选举为差额选举，候选人 5 名，应选 4 名，所选人数等于或少于 4 名为有效票，否则视为无效票。

【范例 2-10】职工代表选举计票结果报告表

** 公司第 ** 届职工代表大会职工代表
选举计票结果报告表

姓名	**	**	**	**	**	
票数						

计票人（签名）：

监票人（签名）：

** 年 ** 月 ** 日

【范例 2-11】职代会正式代表登记表

** 公司第 ** 届职工代表大会正式代表登记表

单位：　　　　　　　　　　　　　　　　　　　　　　** 年 ** 月 ** 日

<table>
<tr><td>姓名</td><td></td><td>性别</td><td></td><td>民族</td><td></td><td>政治面貌</td><td></td><td>出生时间</td><td></td></tr>
<tr><td>籍贯</td><td></td><td>文化程度</td><td></td><td>岗位 / 职务</td><td></td><td>专业技术职称</td><td></td><td>参加工作时间</td><td></td></tr>
<tr><td colspan="2">是否上届职工代表</td><td colspan="8"></td></tr>
<tr><td colspan="2">工作简历</td><td colspan="8"></td></tr>
<tr><td colspan="2">基层工会意见</td><td colspan="4">年　月　日</td><td colspan="2">基层党组织意见</td><td colspan="2">年　月　日</td></tr>
<tr><td colspan="2">职工代表资格审查委员会意见</td><td colspan="8">年　月　日</td></tr>
</table>

注：此表一式两份上报，公司工会审查签署意见后，返还一份于基层工会存档。

【范例 2-12】职代会正式代表花名册

**** 公司第 ** 届职工代表大会正式代表花名册**

** 公司工会委员会　　　　　　　　　** 年 ** 月 ** 日

序号	姓名	性别	年龄	文化程度	政治面貌	工作部门	联系方式	签名
1								
2								
3								
4								
5								
……								

五、设立专门机构

专门委员会（小组）是根据职代会工作需要而设置，为大会行使各项职权而服务，执行专门任务的临时性或经常性机构。关于其性质、职能、组成人员等在第一章已经详细叙述，本节主要根据《职工代表大会操作指引》对其机构及人员产生程序进行阐述。

一般设立专门委员会（小组）的流程包括：

（1）工会委员会拟定组建专门委员会（小组）及其组成人员的具体方案；

（2）由职工代表团（组）提出具体候选人；

（3）经职代会主席团（或预备会）审议后，正式提出各专门委员会（小组）候选人名单；

（4）提请职代会正式大会审议通过；

（5）各专门委员会（小组）召开会议，民主推选负责人。

【范例 2-13】职代会专门委员会（小组）候选人建议名单

** 公司第 ** 届第 ** 次职工代表大会
专门委员会候选人建议名单

根据《企业民主管理规定》和上级有关规定，** 公司第 ** 届第 ** 次职代会根据实际工作需要，设立提案审查、评议监督、安全生产、权益维护等专门委员会。各委员会成员分别由 ** 人构成，各设主任委员 1 人。委员会中，除职工代表外，还根据需要聘请有关人员参加。经协商，并征求有关方面意见，现提出各专门委员会的候选人建议名单，提请公司第 ** 届第 ** 次职工代表大会预备会议审议。具体名单如下：

一、候选人建议名单（以姓氏笔画为序）

（一）提案审查委员会

**　**　**（共 ** 人）

（二）评议监督委员会

**　**　**（共 ** 人）

（略）

二、简介

（一）提案审查委员会

姓名	单位职务	政治面貌	出生年月	性别	民族	文化程度
**	**	**	**	**	**	**

（略）

（二）评议监督委员会

姓名	单位职务	政治面貌	出生年月	性别	民族	文化程度
**	**	**	**	**	**	**

（略）

【范例 2-14】职代会专门委员会（小组）工作制度

** 集团公司职工代表大会专门委员会工作制度

第一条　为做好 ** 集团有限责任公司职代会（以下简称公司职代会）闭会期间的民主管理工作，保证和促进职代会各项决议的贯彻落实，根据《** 集团职工代表大会制度》有关规定，制定本办法。

第二条　根据工作需要，公司职代会设立提案工作、安全生产、劳动法律监督、教育培训、权益维护五个专门委员会。

第三条 各专门委员会是公司职代会日常民主管理服务的专门工作机构，在公司职代会闭会期间，根据各自工作职责，代表职代会行使职权，在公司工会的领导下开展工作，对公司职代会负责。

第四条 各专门委员会的职责是：

（一）根据公司职代会的授权，参加公司有关会议，到公司有关部门、子（分）公司了解情况，深入开展“安康杯”竞赛活动，提升广大职工的劳动安全卫生防控意识和能力。

（二）坚持党的群众路线，在公司党委的统一领导下，配合民主评议领导干部工作小组和组织、人事、纪检部门对领导干部进行民主评议。

（三）认真贯彻上级工会和公司党委关于职工合法权益维护工作的决策和部署，定期向公司工会汇报合法权益维护工作，研究确定职工合法权益维护工作的目标、任务和措施，及时就职工合法权益维护工作重大问题作出安排。

（四）审议提交职代会的有关议案，提出意见和建议，检查、督促公司职代会决议的贯彻执行情况和职工代表提案的落实情况。

（五）审定属于本专门委员会职责范围内需要临时决定的问题，并向下一次职代会报告，予以确认。

（六）负责办理职代会交办的其他事项。

第五条 公司职代会闭会期间，需要临时解决的重要问题，由公司工会召集职工代表团团长和各专门委员会主任，通过召开联席会议协商处理。联席会议可根据需要，邀请公司领导和相关部门负责人参加。

第六条 各专门委员会实行民主集中制，在对重要事项形成意见和建议时，须有三分之二以上成员参加，并经应到会成员的半数以上通过，方为有效。

第七条 各专门委员会任期与职代会届期相同，必要时公司职代会可对专门委员会成员进行调整。

第八条 各专门委员会根据各自职责开展工作，一般每半年召开一次会议，如有特殊需要，可随时召开会议。

第九条 本办法由公司工会负责解释、修订。

** 集团公司党委、工会

** 年 ** 月

六、提案征集处理

职代会提案是职工代表围绕单位经营管理、改革发展和职工普遍关心的问题，在广泛征集职工意见和调查研究的基础上，按照规定程序，在规定时间内，提请职代会讨论并转交相关部门处理答复的书面意见和建议。提案可以由个人提出，也可以由几个人联合或以单位名义提出。

职代会提案工作是职工民主管理的重要实践形式，是职工制度化有序参与单位经营管理的主渠道，是维护职工合法权益、构建和谐劳动关系的必要选择。一方面，职工通过提案向单位献计献策，将广大职工的聪明才智汇集到单位经营管理中来；另一方面，单位通过征集提案，了解掌握职工心声和诉求，有助于维护职工合法权益，提高经营管理水平。

提案提出和办理的过程，实际是职工与单位管理者之间，就某一具体问题进行专项协商的过程。这个过程使得职工群众的意见和建议得到表达和答复，为管理者和职工群众搭建了沟通交流的桥梁。坚持职代会制度，落实职代会职权，提高职代会质量，必须重视和加强职代会的提案工作。

职代会提案征集和处理流程如图 6 所示。

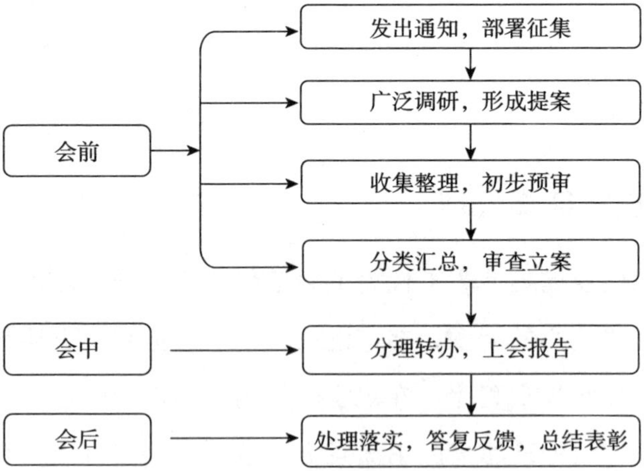

图 6　职代会提案征集和处理流程

第一，发出通知，部署征集。提案工作由职代会提案工作委员会（小组）或工会负责。首先，在做出召开职代会的决定后，工会或提案委员会（小组）结合大会中心任务发出征集提案的通知，向职工代表发放提案表。其次，做好宣传与发动工作，在职代会召开前深入宣传本次职代会的中心议题，鼓励职工发扬主人翁精神，关心本单位的生存和发展，充分酝酿并提出提案，使提案内容较为集中。提案征集一般可在职代会召开前一到两个月内集中征集。

第二，广泛调研，形成提案。为了保证提案质量，要求职工代表围绕提案进行广泛调研。一个好的提案需要有充分的调查研究，确切的数据、事实和理由支撑，对问题的深入分析和科学合理可行的建议。同时，工会也要为职工提出高质量提案创造必要条件。

职工代表在会前阶段听取和收集职工群众意见，在调查研究的基础上，填写提案表。提案的内容主要涉及企业生产经营管理、企业改革、内部分配、劳动保护、规章制度、生活福利和职工教育等需要职代会立案处理的重要问题。工会可以列出征集提案的参考课题，发给职工代表参考，如：

（1）分析市场经济发展的新形势，根据本企业面临的问题，拟定相关的课题。

（2）梳理本企业在加强管理、节能降耗、改进工艺、产品质量、安全生产、后勤服务等方面的问题。

（3）调查了解职工对企业劳动管理、劳动分配等方面的意见和要求。

（4）紧扣本次职代会的重点内容。

提案可以由职工代表个人提出，也可以由多名代表联名提出。为了提高提案质量，体现所提问题具有普遍性，提案最好有其他职工代表附议，附议者 2～5 人不等。提案应以书面形式提出，按照一事一案、一案一表的要求填写，具有针对性、政策性、可行性和严肃性。

第三，收集整理，初步预审。各职工代表团（组）或分工会负责收集提案征集表，根据立案的原则和有关规定进行初审，主要审查提案内容是否符合国家与政府的有关政策，是否有立案价值。经初审，建议提案人将不规范的提案进一步完善，对不符合要求的提案，与提案人商量后酌情处理，并将合格的提案整理后在会前规定的时间统一送交提案审查委员会（小组）。工会及提案审查委员会在会前阶段对收集的提案进行归纳、分类、统计、登记。各代表团（组）内容相同或相近的提案，可以合并集中处理。

第四，分类汇总，审查立案。提案审查委员会（小组）对整理提交上来的提案进行审查，符合条件即可立案；不是本单位能解决的问题，或者暂时解决不了的问题，一般情况下应作为建议处理；不够立案条件的应退给提案人并予以说明。

哪些提案属于不合格提案？实践中常见的有以下几种：

一是明显不符合提案条件的，比如没有附议人、提案人，非职工代表亲自签名等；二是不属于本单位和本届职代会职权范围内的问题；三是没有经过充分调查、考证，案不符实；四是不符合国家和政府的方针、政策、法律、法规；五是不符合技术规范、缺乏可操作性；六是涉及职工对自身或他人个别的具体问题；七是领导或职能部门已经明确答复待办的事宜。

第五，分理转办，上会报告。对已立案的提案，属于行政部门处理的提案，则由工会转交行政领导，经签字后分别送交有关职能部门负责处理、实施。对重大提案，可在职代会的正式会议上安排发言和进行审议。因条件不能落实的提案，主管领导也应有所指示，向提案人说明情况。分送给相关部门处理的提案，应有严格和明确的处理期限。

一般情况下，应该由行政领导召开专门会议逐条研究处理措施，确定相关责任部门。工会或提案委员会（小组）在职代会会后检查处理落实情况，在下一次职代会上报告处理结果。提案处理完毕后，可在提案处理专栏予以公布，包括提案人、案由、处理结果、处理时间等，也可以通过与提案人见面或以局部通知的形式，公布处理结果。提案人可在“提案人意见”栏填写对提案处理的满意程度，并可要求有关人员采取进一步措施，力求圆满处理解决。

第六，处理落实，答复反馈，总结表彰。工会或提案委员会（小组）要对上届职代会提案处理和落实情况进行汇总，做好向职代会报告的准备。同时，建立提案评优与表彰机制，对已被采纳并在实施中产生效益的提案，给予相应奖励，激励职工代表以强烈的责任心、扎实深入的作风，在充分调研的基础上提出高质量的提案，也激励提案承办单位尊重代表意见、认真办理落实提案。

【范例 2-15】职代会提案征集与处理办法

** 公司职工代表大会提案征集与处理办法

（经 ** 年 ** 月 ** 日公司一届一次职代会审议通过正式施行）

第一章　总　则

第一条　职工代表提案是 ** 公司（以下简称公司）民主制度建设的重要环节，是广大职工群众参政议政、行使民主管理权利的重要渠道。为规范公司职工代表提案管理，根据《企业民主管理规定》、《关于进一步加强中央企业职工代表大会制度建设的指导意见》等有关规定，制定本办法。

第二条　公司职代会提案工作委员会负责职工代表提案的征集、立案、办理和答复反馈工作。

第二章　提案的征集

第三条　提案工作委员会应在职代会召开前一个月向职

工代表印发提案征集通知和提案表。

第四条　公司各级工会组织负责提案征集的宣传发动工作，组织职工代表围绕公司中心任务和征集内容，深入调查研究，在广泛征求广大职工意见建议的基础上提出提案，使提案能集中反映公司全局性、重点性工作。

第五条　提案须由职工代表作为提案人以书面形式提出，填写提案表，写明提案的名称、理由、依据、具体要求和解决办法。非代表职工，不能作为提案人向职代会提出提案，但可以作为提案附议人，提出意见和建议，通过职工代表向职代会提出。

第六条　提案征集情况由提案工作委员会向职代会报告。

第三章　提案的内容和要求

第七条　职工代表提案要紧紧围绕公司发展战略和中心任务，主要内容包括企业安全生产、改革发展、经营管理、科技进步、党建精神文明建设以及涉及职工切身利益等方面的重大问题。

第八条　职工代表提案要符合党的路线、方针、政策和国家法律、法规及公司有关规定，要具有全局性、前瞻性和科学性，对公司改革发展稳定具有重要的实施价值。

第九条　职工代表提案要一事一案，主题明确，案由充分，措施具体，操作性强。

第十条　职工代表提案要实事求是，真实反映职工代表的意愿，体现较高的参政议政水平。

第十一条 出现下列情形之一者，不予立案：

（一）同党和国家的政策、法律法规及集团公司规定相抵触的。

（二）超出公司职代会职权范围和管理权限的。

（三）提案只提意见而没有具体措施和解决办法的。

（四）上级已有明确规定的。

（五）子（分）公司、基层单位可以解决的。

（六）纯属个人具体问题的。

第四章 提案的审议

第十二条 提案人应将提案提前交所在单位工会组织，由有关人员进行筛选、整理后形成正式提案，统一交公司提案工作委员会。提案工作委员会以全体成员会议形式，集体对受理的提案逐案进行审议，并就提案是否符合立案条件形成审议意见。

第十三条 提案工作委员会难以确定是否符合立案条件的提案，可会同职代会其他相关专门委员会、相关职能部门和领导，或邀请熟悉情况的相关人员召开联席会议进行审议，并形成审议意见。

第十四条 对不符合立案条件的提案，作为意见、建议由提案工作委员会汇总分类送交有关部门，有关部门针对提案内容书面答复提案工作委员会，提案工作委员会将建议连同部门处理意见回复提案人。

第十五条　对确定立案的提案，由提案工作委员会填写提案处理表，签署处理意见，送交有关部门或领导处理，可同时抄送职代会其他相关专门委员会。对于内容相同的提案进行并案处理。

第十六条　提案征集、审理、立案和处理情况，由提案工作委员会向大会主席团汇报，并向大会作关于提案征集处理情况的报告。

第五章　提案的办理和反馈

第十七条　职代会闭会期间，提案工作委员会要及时进行提案处理工作。凡已经立案的提案应按规定程序在年内办理完毕。

第十八条　提案办理工作按下列程序和要求进行：

（一）将提案处理表送交公司分管领导签署意见后，交有关职能部门提出解决方案。

（二）承办部门在接到提案处理表一个月内对提案作出明确答复。能够解决的，要提出解决方案和落实期限抓紧落实，并将落实情况写出书面报告，报公司分管领导审核；提案工作委员会负责对提案承办部门的落实情况进行督促检查。暂缓解决或无法解决的，提案承办部门要说明情况和原因。

（三）在提案办理过程中，承办部门应加强与提案者沟通联系，尽可能听取职工代表的意见，与他们共同商量解决办法。

第十九条 各承办部门要重视职代会提案，保证提案办理质量，认真执行下列要求：

（一）提案承办部门要有主要领导分管，专人负责，健全制度，严格程序。

（二）承办部门如认为不是本部门办理的提案，应在十五天内提出意见，由部门负责人签字、盖章后连同交办件一并退回提案工作委员会，由提案工作委员会重新确定承办部门，承办部门不得自行转送其他部门。

（三）提案涉及两个以上部门，由提案工作委员会根据领导指示指定有关部门分别办理，或指定一个部门主办，其他部门协办，主办部门应主动与协办部门商议配合解决。

第二十条 提案落实情况经提案工作委员会主任审查签字后，向提案人进行反馈和满意度测评。提案人对落实情况有异议的，可向提案工作委员会请求复议。提案是否结案，由提案工作委员会决定。

第二十一条 提案工作委员会及时汇总提案落实情况和反馈意见，采取适当方式予以公示，并向职代会作提案落实情况报告。

第二十二条 为调动提案工作的积极性，公司可以适时、适当开展提案工作评比活动，设立优秀职工代表提案奖和职代会提案工作先进单位等。

第二十三条 提案工作委员应建立提案工作档案，做好提案表、落实情况报告及相关材料的收集整理工作，并及时立卷归档。

第六章 附 则

第二十四条 本办法由公司工会负责解释、修订。

第二十五条 本办法自发布之日起施行。

** 公司党委，工会

** 年 ** 月 ** 日

【范例 2-16】职代会提案征集工作通知

** 公司第 ** 届第 ** 次职工代表大会
提案征集工作通知

为认真贯彻落实党的二十大精神和全心全意依靠工人阶级的指导方针，进一步强化企业民主管理工作，不断坚持和完善职代会制度，充分调动职工参与企业管理的积极性和主动性，共同为实现集团公司快速、健康、全面发展而努力，经研究决定，在召开 ** 公司 ** 届第 ** 次职代会前广泛开展提案征集工作。

（一）提案征集的重点内容

1. 围绕企业改革与发展大局，如何不断提高企业管理水平的建议和意见。

2. 对企业生产经营、工程承揽、安全生产、质量管理、科技进步和创新、成本控制、挖潜提效、职工劳动保护等方面问题的建议和意见。

3. 如何加强集团公司政治文明、物质文明和精神文明建设，促进职工物质文化生活水平不断提高的建议和意见。

4. 如何进一步加强和改进企业党建、工会、纪委、共青团等工作的建议和意见。

5. 各单位需要解决的其他带有共性的问题。

凡是与职代会中心议题有关，又确属职代会职权范围内需要解决的问题，均可列为职代会提案。

（二）不符合职代会提案要求的内容

1. 与国家的法律、法规和党的路线、方针、政策以及上级机关的指示、决定精神相违背的。

2. 通过正常的业务关系可以处理的。

3. 不属于本单位职权范围内的。

4. 属于正常手续请示上级机关解决的。

5. 属于个别人的具体问题。

6. 内容不清，不能说明问题的。

（三）提案的具体要求

1. 填写提案表时要一案一表（提案类别、序号不填），一式二份，并按规定的时间，封面加盖公章、各单位工会主席签字后，上报职代会提案征集组。

2. 提案应当注重调查研究，实事求是。做到一事一案，案由明确，内容简明扼要，有情况，有分析，有具体建议。

3. 提案整理后，请按集团公司职代会统一设计的《职工代表大会提案》的格式（用 A4 纸），一律打印填写，于 ** 年 ** 月 ** 日前提交。

4. 各单位工会要认真履行职责，广泛发动职工群众，结合企业发展实际，按照提案征集要求，踊跃提出意见或建议。同时，各单位工会要严格按照提案征集要求，对所征集上来的代表提案进行归纳整理和初步审核，确保上报提案质量。

（四）注意事项

1. 实事求是。推荐上报的集体和个人，要坚持实事求是的原则，高标准，严要求，不搞面面俱到，不搞平衡照顾。

2. 把握时限。超过规定时间未上报材料的单位按弃权处理。

** 公司工会

** 年 ** 月 ** 日

【范例 2-17】职代会提案表

** 公司第 ** 届第 ** 次职工代表大会提案表

<table>
<tr><td colspan="6">**（单位名称）＿＿＿届＿＿＿次 职工代表大会提案表</td></tr>
<tr><td>提案
时间</td><td colspan="2"></td><td>提案
编号</td><td colspan="2"></td></tr>
<tr><td>提案人</td><td></td><td>单位／
部门</td><td></td><td>岗位／
职务</td><td></td></tr>
<tr><td>联系方式</td><td></td><td>附议人</td><td colspan="3"></td></tr>
<tr><td>提案类别</td><td colspan="5">□经营管理 □安全生产 □权益维护 □规章制度
□生活福利 □其他</td></tr>
<tr><td>提案名称</td><td colspan="5"></td></tr>
<tr><td>案由分析</td><td colspan="5"></td></tr>
<tr><td>对策建议</td><td colspan="5"></td></tr>
<tr><td>审查
意见</td><td colspan="5">**（单位名称）职工代表大会／提案审查委员会
年　月　日</td></tr>
<tr><td colspan="3">单位领导批示：
年　月　日</td><td colspan="3">承办部门处理意见：
年　月　日</td></tr>
<tr><td colspan="6">处理情况检查记录：</td></tr>
<tr><td rowspan="2">提案人对办理结果的评价</td><td>满意</td><td colspan="2">基本满意</td><td colspan="2">不满意</td></tr>
<tr><td></td><td colspan="2"></td><td colspan="2"></td></tr>
<tr><td>对办理结果的意见</td><td colspan="5"></td></tr>
<tr><td>代表签名</td><td colspan="5">××年××月××日</td></tr>
</table>

说明：1.“提案类别”是指提案属于哪一方面内容。

2. 提案要一事一案，文字简练，书写清楚，如内容较多可另附页。

【范例 2-18】职代会提案处理通知书

** 公司第 ** 届第 ** 次职工代表大会提案处理通知书

** 处（部、室、科）负责人：

经本届职代会提案审查委员会审定、主管领导批准，编号为 ** 号的提案送交你处处理，请你处认真审阅，并请在 ** 年 ** 月 ** 日前提出处理意见，上报工会委员会。为尊重职工代表意见和提高办事效率，请你处及时与提案人取得联系。

提案审查委员会

** 年 ** 月 ** 日

【范例 2-19】职代会提案答复表

** 公司第 ** 届第 ** 次职工代表大会提案答复表

提案编号：

提案名称	
提案答复部门	
提案答复内容：（依据、措施、解决问题的进度） ** 代表： 您好！您提出的 ** 号提案收悉。感谢您对我部门工作的关心和支持。现就提案提出的有关问题答复如下： 答复部门负责人签字： 年　月　日	

七、确定议题议程

职代会召开之前，企事业单位应根据职代会职权，结合本单位经营发展的重点工作和职工关注的劳动权益热点问题，确定本年度职代会中心议题。职代会议题可以由工会征求职工意见后提出，也可以由经营者提出，工会与企业协商确定。并广泛发动职工围绕职代会议题开展提案征集活动。

确定议题的一般程序包括：

（1）通知征集。工会通过各种途径广泛征求，充分听取职工群众的意见和建议。

（2）提出草案。工会依据职代会职权，与行政管理方协商，初步形成议题和议案的草案。

（3）形成正式意见。工会将议题和议案的草案补充修改后形成正式意见，书面报同级党组织同意。

（4）提前送达职工代表，征集意见建议。职代会议题和议案应当在会议召开7日前以书面形式送达职工代表。职工代表在收到材料后，应及时征求所在选区职工的意见和建议并做好反馈，认真参与会前预审活动。

（5）职代会预备会议审议通过。由工会向职代会预备会议提出议题和议案建议稿，经预备会议审议通过后成为职代会正式议题和议案。

在确定议题的基础上，本次职代会的主要内容就基本明确了，可以根据职代会讨论的事项和对该事项行使的职权来设置职代会议程，即每一项内容的先后顺序。一般包括：

（1）会议主持人报告职工代表出席情况（含应到人数、实到人数），确定会议召开的合法性；

（2）听取需要职代会审议、审查事项的报告；

（3）对有关人员进行民主评议；

（4）组织职工代表充分讨论和审议；

（5）召开主席团会议；

（6）对需要职代会审议通过的事项进行投票表决；

（7）对有关人员进行民主选举；

（8）形成决议，大会总结。

【范例 2-20】职代会议题

** 公司一届一次职工代表大会议题（草案）

一、听取审议

1.《** 公司 ** 年行政工作报告》

2.《** 公司 ** 年财务决算和 ** 年财务预算报告》

二、审议通过

1.《** 公司集体合同（草案）》

2.《** 公司职代会制度实施细则（草案）》

三、民主评议公司领导人员

四、大会选举

专门委员会（小组）人员、职工董事、职工监事

【范例 2-21】职代会议程

** 公司一届一次职工代表大会议程（草案）

一、预备会议议程

1. 报告《** 公司一届一次职代会筹备工作情况》

2. 通过《** 公司一届一次职代会职工代表资格审查报告》

3. 通过《** 公司一届一次职代会议题（草案）》

4. 通过 ** 公司一届一次职代会主席团名单（主席团会议）

二、正式会议议程

1. 大会开幕

2. 作《** 公司 ** 年行政工作报告》

3. 作《** 公司 ** 年财务决算和 ** 年财务预算报告》

4. 作《** 公司集体合同（草案）》说明

5. 作《** 公司职代会制度实施细则（草案）》情况报告

6. 听取 ***、*** 述职报告

7. 职工代表分团组讨论

8. 民主评议领导干部

9. 大会选举：专门委员会（小组）人员；职工董事、

监事

10. 大会表决

11. 领导讲话

12. 大会闭幕

八、准备相关文件

职代会会议材料的准备工作非常重要，必须有计划、有步骤地统筹安排，绝不能出差错，否则就会影响会议的顺利进行和会议质量。一般情况下，可以从文件材料的类别及其在会议程序中所使用的阶段两个角度来理解和准备。

（一）相关文件材料的类别及内容

1. 行政提交的各项报告

行政提交的各项报告是职代会的主要文件，会务秘书组应当协助有关方面认真做好文件的起草工作。如：行政工作报告、财务专项报告（含业务招待费使用情况）、提案落实情况报告、集体合同履行情况报告以及新一年度需要审议的集体合同（草案）等。行政工作报告是职代会行使审议建议权的一项重要内容，是大会的重要议程。在大会正式会议上，企事业单位行政领导就单位上一年度生产经营管理情况和本年度的发展方针、目标措施等重要事项，向职代会作报告。平等协商集体合同制度是企业落实《劳动法》、《劳动合同法》，协调劳动关系的重要机制，集体合同文本须经职代会审议通过，是大会行使审议通过权的重要内容之一。以上报告应该内容全面、数据真实、反映问题准确，符合厂务公开的要求，保障职工的知情权，并且需要在会前经过职工代表的充分审议。

2. 重大改革方案与涉及职工切身利益的重要规章制度

职工与企事业单位是利益共同体，企事业单位的改革发展关系到职工的前途和命运，与职工息息相关，职工投身建设改革的积极主动性与参与生产经营管理活动的热情也是保障单位健康长远发展的重要因素。《劳动合同法》第四条第二款规定："用人单位在制定、修改或者决定有关劳动报酬、工作时间、休息休假、劳动安全卫生、保险福利、职工培训、劳动纪律以及劳动定额管理等直接涉及劳动者切身利益的规章制度或者重大事项时，应当经职代会或者全体职工讨论，提出方案和意见，与工会或者职工代表平等协商确定。"企业重大改革方案与涉及职工切身利益的重要规章制度，需要提交职代会审议通过，这是法律赋予职代会的重要职权，也是发动职工和有关方面完善决策的过程。

提交职代会审议的报告、制度、方案（草案）等，一般应当提前不少于7个工作日以书面形式送达职工代表，以便职工代表征求选区职工意见。

3. 议题、议程、日程、选举、表决等程序性文件

议题是指列入职代会的议程并提交大会讨论、审议、通过、决定的议案，原则上是职代会职权范围内的事项。大会议题需要经过大会筹备组研究，报请党组织同意后，提交大会预备会议通过。议程是指会议上所要讨论的问题（大会各项议题）进行的程序。日程是指按日期时间排定的行事程序，是将议题和议程进行合理化安排的过程，是大会的行动纲领和路线图。

大会日程的编排是对议程具体实施所做的统筹安排，是一项综合性、计划性较强的工作，一般应注意以下几点：一是编排大会日程要充分考虑会期、会议议程等内容，将大会全过程合理划分为几个阶段，如预备会议前的代表团（组）会议阶段、预备会议阶段、大会开幕阶段、分组讨论阶段、主席团会议阶段、大会决议及闭幕阶段等；二是根据议程的具体内容、要求，合理安排日程，程序性强的，如选举、表决等要安排得细密严谨，使其有条不紊、环环相扣地严肃进行，需要代表充分酝酿讨论、发表意见的，应尽可能地安排时间充分一些；三是大会日程编排总体上要明确具体、清晰合理，使人一目了然（日程表模板详见第三章）。

4. 决议、领导讲话等文件

职代会决议是指大会在职权范围内做出的决定。决议格式一般要求标题写清楚决议的中心内容，内容要对决议事

项给出明确态度，提出具体要求（决议模板详见第三章）。领导讲话一般是闭幕式的重要内容，要提前认真做好相关工作。

（二）相关文件材料与大会流程

一般来说，根据职代会预备会议及正式会议完整流程，上述相关文件材料有着比较清晰明确的上会顺序。下面列举大会各阶段所需文件材料，供参考，实践中应以各单位实际情况和需要为准（范例见第三章）。

1. 预备会议所需文件材料

（1）职代会筹备工作报告；

（2）职工代表资格审查报告；

（3）大会议题和议程；

（4）大会主席团人员建议名单。

2. 正式会议所需文件材料

（1）行政工作报告；

（2）其他专项报告，如财务报告等；

（3）职代会闭会期间联席会议协商处理重要问题的报告；

（4）上一届职代会决议落实及提案办理情况报告；

（5）** 年度集体合同履行情况的报告；

（6）新集体合同（草案）；

（7）民主评议领导人相关文件材料；

（8）大会表决办法相关文件材料；

（9）需要大会推荐选举的相关候选人名单，如职工董事、职工监事候选人名单等。

（10）大会决议或决定。

九、通知开会，文件预审

会议准备工作就绪，应及时向同级党组织报告，并向上级工会报备。如党组织和上级工会没有新的要求，应及时下发召开职代会的通知。通知应当采用书面形式，告知每一位职工代表会议时间、地点及主要内容。同时应当安排好职工代表工作，保证会议的出席率。通知发出后，各代表团（组）应收集出席会议代表人数以及无法到会代表情况，做好出席代表的确认和请假事宜。

在发出会议通知的同时，职代会议题和议案也应当至少在会议召开 7 个工作日前以书面形式送达职工代表。职工代表在收到文件材料后，应及时征求所在选区职工的意见和建议，在审议讨论过程中将这些意见和建议反映出来，认真参与团（组）讨论。工会要做好职工代表讨论审议意见的收集、整理并反馈相关职能部门。对分歧较大的事项，行政和工会应当根据职工代表意见进行协商修改后，交由职工代表重新组织讨论。

会前预审非常重要，许多潜在风险及矛盾如果能在预审阶段发现并做好充分沟通、民主协商，争取达成共识，那么很多劳动关系领域的风险就能得到有效预防和化解，不至于积累成更深层次、更大范围的问题或矛盾，也有利于职代会的顺利圆满召开。

【范例 2-22】关于召开职代会的通知

** 公司关于召开第 ** 届第 ** 次职工代表大会的通知

各代表团（组）：

经请示党委同意，** 公司第 ** 届第 ** 次职代会定于 ** 年 ** 月 ** 日至 ** 年 ** 月 ** 日召开，会期 ** 天。现将有关事项通知如下：

一、大会主题

总结我公司在深化改革、转机建制中紧密结合企业实际，全心全意依靠职工办企业，抓住机遇，克服困难，开发产品，拓宽市场，在两个文明建设上所取得的新成果。同时，动员全公司广大职工认清形势，坚定信心，团结一致，群策群力，为增强企业活力，提高企业经济效益，确保 ** 年企业方针目标的实现而努力奋斗。

二、会议内容

1. 听取审议公司行政工作报告。

2. 审议 ** 年集体合同履行情况的报告。

3. 审议第 ** 届第 ** 次职代会提案落实情况报告。

4. 民主评议领导干部。

5. 分组讨论。

6. 通过大会决议。

7. 领导讲话。

三、会议时间

** 年 ** 月 ** 日至 ** 年 ** 月 ** 日，上午 9：00~12：00，下午 14：00~17：00。

四、会议地点

** 楼 ** 层报告厅，请职工代表提前 15 分钟参会签到。

五、注意事项

1. 请各代表团（组）通知各位职工代表按时出席会议，保证会议的出席率。

2. 请各代表团（组）收集出席会议代表人数以及无法到会代表情况，做好出席代表的确认和请假事宜，并于 ** 月 ** 日前报公司工会。

** 工会委员会

** 年 ** 月 ** 日

【范例 2-23】职代会会前情况报告表

** 公司第 ** 届第 ** 次职工代表大会会前情况报告表

单位：　　　　　　　　　　　　　　年　月　日（加盖公章）

职工代表状况	职工代表总数　名。女性　名，占　%。 其中：领导干部　名，占　%； 　　　管理人员　名，占　%； 　　　科技人员　名，占　%； 　　　一般工人　名，占　%。
	主席团人数　名。 其中：中层以上领导　名； 　　　科技、管理、一般职工　名。
预备会议情况	本次职工代表大会是　届　次职代会，是今年召开的第　次职代会 大会主要文件于　月　日（提前　天）发给职工代表。
上一届提案落实情况	提出　条；归纳为　条，落实　条。 其中：经营管理方面　条，落实　条； 　　　生活福利方面　条，落实　条； 　　　其他方面　条，落实　条。
会前培训情况	参加培训人数： 培训内容：
会议主要议题及日程安排	
需要上级工会协调解决的问题	
上级工会意见	（签章） 年　月　日

第三章

职工代表大会会中流程

CHAPTER 3

筹备工作完成后，进入召开会议阶段。职代会的会议制度是职代会制度的核心内容。开好职代会的预备会议和正式会议是发挥职代会作用的基本途径。职代会正式会议是职工代表行使职权的关键，工会（或职代会主席团）要按照预备会议通过的议程，按照规定的民主程序，主持开好大会。职代会会中主要流程如图 7 所示：

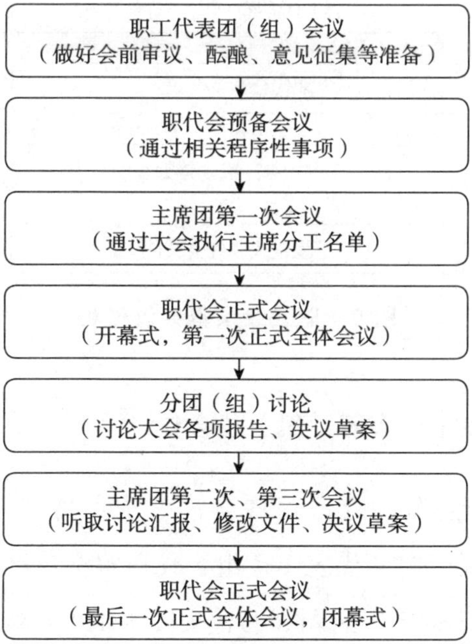

图 7　职代会会中流程

一、职工代表大会预备会议

职代会预备会议是在职代会正式召开前，为大会做思想、组织上准备的会议，主要就组织和程序事项做出决定，是开好正式会议的重要基础，其与会议筹备阶段的各项工作联系紧密，主要流程如图 8 所示。

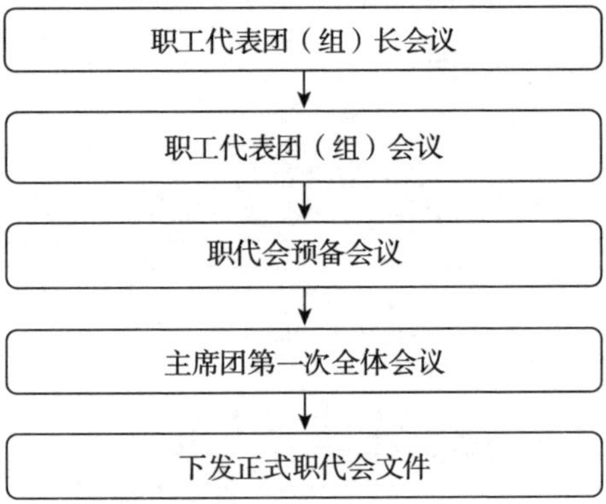

图 8　职代会预备会议流程

（一）职工代表团（组）长会议

在筹备工作之后，预备会议之前，择机召开代表团（组）长会议，向各代表团（组）长通报会议准备情况，发放会议报告、议案等材料，为代表团（组）长组织召开代表团（组）会议做好准备。

（二）职工代表团（组）会议

由各代表团（组）长组织召开代表团（组）会议，主要是通报筹备工作情况，预备会议及大会的议题、日程安排，对组织机构及人选建议名单事先进行审议，对大会各项报告、议案提前讨论，尤其是重要规章制度的意见，涉及职工切身重大利益事项的意见等，要充分讨论、及时收集各代表团（组）反馈的意见，对共性的、有倾向性的意见，及时向领导进行汇报，采取有效措施，必要时对有关事项进行调整，为职代会的顺利召开奠定良好基础。

（三）预备会议

预备会议主要内容及程序如下：

（1）清点到会人数，主持人向大会报告应参加大会和实际参加大会的人数，确认到会人数符合法定人数要求后，即可开会。

（2）报告职代会筹备情况。

（3）通过职工代表资格审查报告。

（4）通过职代会议题、议程（日程）安排。

（5）通过职代会主席团名单。

（6）决定大会其他有关事项。

召开预备会还应注意以下事项：

预备会议主持人。由于召开预备会议时，大会主席团尚未产生，因此预备会议由工会或者筹备组主持。主持人通常是工会主席或党委副书记。选出大会主席团后，即由大会主席团主持会议。不设主席团的通常由工会主持会议。

预备会议有关表决方式。目前预备会议有关表决一般是采取举手表决的方式，表决和通过有关事项时，可以在会场后排及边缘角落等地方安排工作人员，以便及时向主持人举手示意，以免主持人在查看表决情况时左顾右盼或有所疏漏。

（四）大会主席团产生程序

大会主席团是职代会会议期间的组织领导机构，其人员名单在职代会预备会议上审议通过，主要程序为：

（1）工会根据《职工代表大会操作指引》等相关规定，结合本单位实际，同单位党政领导协商后，提出大会主席团的人数、构成比例等具体方案；

（2）由工会组织召开代表团（组）长会议，协商确定大会主席团候选人名单；

（3）将候选人名单提交职代会预备会议审议，表决通过后主席团正式成立。

根据实际需要，可以从大会主席团成员中选举产生大会秘书长，秘书长一般由工会主席担任为宜，主要职责是负责大会期间的日常组织工作。根据工作需要，还可设副秘书长1~2名，协助秘书长工作。大会副秘书长一般可以由工会副主席担任，或者由工会委员会提名，经大会主席团第一次全体会议表决通过。大会副秘书长一般应是职代会代表，因工作需要不是代表的也可以担任。

职代会主席团不实行常任制，其主要职责是负责职代会会议期间的组织领导工作，不能代行职代会的职权。主席团讨论决定问题应坚持民主集中制原则，实行集体领导。职代会全体会议由大会主席团成员轮流主持。大会执行主席分组应根据大会日程及举行全体代表会议的次数来确定。大会执行主席分组名单由工会委员会和联席会议提名，在主席团第一次全体会议上表决通过。大会执行主席的主要职责是按照大会日程主持会议。

（五）主席团第一次全体会议

预备会结束后，召开职代会主席团第一次全体会议，通过各次全体会议执行主席名单。会议由日程表规定的主持人主持，也可以由预备会的主持人主持。

（六）下发正式会议文件

职代会正式文件，特别是会议的议题、议程（日程）、主席团名单、秩序册等，只有在预备会议通过后，才能发给职工代表。可以在预备会议后安排间歇期，将预备会议通过的文件复印、发放。

【范例 3-1】职代会筹备工作报告

** 公司第 ** 届第 ** 次职工代表大会筹备工作报告

公司第 ** 届职代会届期已满，按照《公司职代会实施办法（试行）》有关规定，需要进行换届。为切实做好换届改选工作，保证第 ** 届第 ** 次职代会的顺利召开，会议筹备工作在公司党委高度重视和直接领导下，各部门、各单位密切配合，共同努力，各项工作有序进行。

一、关于职代会换届改选工作

公司党委高度重视职代会换届改选工作，提出了明确要求，作出了具体部署，成立了公司职代会换届改选工作领导小组和三个筹备小组，下发了《关于做好公司职代会换届改选工作的通知》，明确换届改选分为事前准备、宣传发动、民主选举和资格审查四个阶段，规定了职工代表条件、名额分配、构成比例、选举程序等重点内容。公司采取直接选举的方式选出了职工代表。各单位认真履行民主选举程序，按时完成了职工代表的选举工作。职工代表资格审查工作组对选出的职工代表进行了认真严格的审查。

二、关于会议主要文件的起草工作

公司总经理工作报告等文件的起草是在广泛、深入、系统调研基础上进行的。总经理多次主持召开会议，组织讨论，修改和完善，充分征求各方面意见，经公司党委会议研究审定。公司总经理工作报告等主要文件的形成过程，是发扬民主、统一思想的过程，是全面总结发展经验，明确发展目标和思路的过程，是对建设现代公司发展战略目标深入思考和不断提升的过程。会议主要文件的形成过程，体现了公司党委对党的事业和公司发展高度负责的精神；体现了审时度势、驾驭大局的能力；体现了坚持以人为本、实现职工和公司共同发展的理念。对进一步动员广大职工解放思想、开拓创新、建设现代公司必将产生重要的指导作用。

三、关于职工代表培训及提案征集工作

为做好职工代表培训工作，公司工会专门发出通知，对培训内容、方法和时间提出了明确要求。通过会前培训，全体职工代表深刻认识到公司召开第 ** 届第 ** 次职代会的重要性，明确了会议的主要任务，增强了大局意识、责任意识和民主意识。按照会议筹备工作要求，公司开展了提案征集工作，规定了提案征集的内容、原则和程序。各单位以高度负责的态度，组织职工代表深入调研，广泛征求意见，到目前已经提出了 ** 件提案。公司职代会提案工作委员会进行了认真审查，提出了立案意见。具体情况将向本次会议报告。

四、关于会议的主要任务

公司党委在广泛开展调查研究、认真分析形势的基础上，确定今年会议的主要任务是：认真贯彻党的 ** 届 ** 中全会精神，深入落实科学发展观，总结公司上年工作，明确发展目标和任务，部署今年重点工作，为基本建成现代公司而奋斗。

会议的主要议题是：审议总经理工作报告；审议公司上年综合计划执行情况和今年综合计划安排的报告；审议公司上年预算执行情况和今年预算安排的报告；审议通过《职工代表大会实施细则》；审议通过公司上年集体合同履行情况的报告以及公司今年集体合同草案。希望各位代表围绕大会主题，充分履行职责，对事关公司发展的重大问题，深入思考、充分审议，建言献策。

五、关于会议的领导机构

会议在大会主席团领导下进行。大会主席团成员及秘书长、副秘书长建议名单，由会议筹备工作领导小组酝酿提出，经公司党委同意，提交本次预备会议审议通过。

【范例 3-2】职工代表资格审查报告

** 公司第 ** 届第 ** 次职工代表大会代表资格审查报告（草案）

各位代表：

公司第 ** 届职代会代表资格审查小组，对出席第 ** 届职代会的代表进行了资格审查。现将审查结果报告如下：

按照第 ** 届职代会代表比例构成和名额分配，出席第

** 届职代会的代表总数为 ** 名，占全公司职工总数的 **。公司以分公司为单位共划分 ** 个选区，各个选区代表名额的分配是按职工人数的 ** 左右的比例确定的。** 名代表的选举工作于 ** 年 ** 月 ** 日全部完成。同时，本次大会邀请了曾为我公司建设和发展作出突出贡献的 ** 名老领导和非职工代表的相关科室负责同志列席会议。

第 ** 届职代会的代表，从候选人的酝酿推荐到代表的选举产生，都广泛听取了职工的意见。** 名代表均由各个选区职工采用无记名投票的方式差额选举产生，符合民主程序。

这次选出的代表具有广泛的群众性和代表性。从代表结构分析，在 ** 名代表中，一线生产人员代表 ** 名，占代表总数的 **；技术管理人员代表 ** 名，占代表总数的 **；领导干部代表 ** 名，占代表总数的 **。从自然状况分析，在全部代表中，35 岁以下的青年职工代表 ** 名，占代表总数的 **；女职工代表 ** 名，占代表总数的 **；具有本科以上文化程度的 ** 名，占代表总数的 **；劳模、先进及技能人才优秀代表 ** 名，占代表总数的 **。

代表资格审查小组认为，这次选出的 ** 名代表，均符合职代会制度和上级的有关规定，符合代表条件，代表资格有效。

以上报告，请予审议。

【范例 3-3】职代会日程安排（含大会议程）

** 公司第 ** 届第 ** 次职工代表大会日程安排表

（会期 2.5 天，根据单位实际情况进行调整安排）

时间	阶段	会议议程（主要内容）	主持人	参加人员
** 月 ** 日 上午 9:00~11:00	代表团（组）会议	1. 介绍大会筹备情况、议题及日程安排 2. 酝酿大会主席团成员、专委会成员、董事、监事职工代表建议名单，讨论大会表决办法（草案）及监票人、计票人建议名单	各代表团（组）长	各团（组）代表
下午 2:30~4:30	预备会议	1. 听取职代会筹备工作报告 2. 通过职工代表资格审查报告 3. 通过大会议题和议程 4. 通过大会主席团成员名单 5. 决定大会其他有关事项	工会或筹备组	全体代表
下午 4:40~5:00	主席团第一次会议	1. 通过主席团执行主席分工名单 2. 宣布大会主席团任务	—	主席团成员
会后	下发正式文件	议题、议程（日程表）、主席团名单、大会秩序册等	—	—

续表

时间	阶段	会议议程（主要内容）	主持人	参加人员
** 月 ** 日 上午 8:30~11:30	正式会议（开幕式第一次全体会议）	1. 清点人数，宣布会议开始 2. 唱《国歌》 3. 作行政工作报告 4. 作财务报告或其他专项报告 5. 审议确认上次职代会闭会期间联席会议协商处理重要问题的报告 6. 作上次职代会决议落实及提案办理情况报告 7. 作公司上年度集体合同履行情况的报告 8. 审议公司本年度集体合同（草案） 9. 听取公司领导人员述职，进行民主评议 10. 其他需要大会审议的事项	执行主席或主持人	全体代表
下午 1:30~2:30	分团（组）讨论	1. 讨论大会各项报告、议案，提出意见建议 2. 收集职工代表的意见建议反馈给大会秘书组，秘书组及时汇总分析	各团（组）长	各团（组）代表

续表

时间	阶段	会议议程（主要内容）	主持人	参加人员
2:30~3:30	主席团第二次会议	1. 听取各代表团（组）讨论情况汇报 2. 主要领导解答有关事项 3. 秘书组根据汇总的意见建议修改相关文件 4. 其他需要主席团讨论确定的事项	—	主席团成员、各团（组）长
3:30~4:30	继续分团（组）讨论	1. 讨论审议决议（草案） 2. 民主测评领导人员，填写测评表等	各团（组）长	各团（组）代表
4:30~5:30	主席团第三次会议	1. 听取大会文件修改情况的汇报 2. 听取民主评议领导人员情况的汇报 3. 审议提交大会表决的决议（草案） 4. 其他需要主席团讨论确定的事项	—	主席团成员、各团（组）长
** 月 ** 日上午 9:00~11:30	正式会议（最后一次全体会议／闭幕式）	1. 作民主评议领导人员情况报告 2. 作大会文件修改情况的报告 3. 职工代表质询 4. 选举：根据大会授权选举相关人员	执行主席或主持人	全体代表

续表

时间	阶段	会议议程（主要内容）	主持人	参加人员
** 月 ** 日上午 9:00~11:30	正式会议（最后一次全体会议／闭幕式）	5. 表决：对决议（草案）进行表决（计票，大会继续进行） 6. 宣读表彰决定并颁奖 7. 宣布计票结果 8. 领导讲话 9. 大会闭幕	执行主席或主持人	全体代表

【范例 3-4】职代会主席团建议名单

** 公司第 ** 届第 ** 次职工代表大会主席团建议名单

根据《企业民主管理规定》，结合公司实际，现提出 ** 公司第 ** 届职代会主席团成员建议名单 ** 人，其中一线生产人员、技术和管理人员 ** 人，领导人员 ** 人，提请各代表团酝酿讨论后，在公司第 ** 届第 ** 次职代会预备会议上审议通过。（附简介，以姓氏笔画为序）

姓名　单位职务　政治面貌　出生年月　性别

**　**　**　**　**

民族　文化程度

**　**

（略）

【范例 3-5】职代会预备会议主持词

各位代表、同志们：

** 公司第 ** 届第 ** 次职代会预备会议现在开会。今天应到会正式代表 ** 人，请假 ** 人，实到 ** 人，符合开会要求，可以开会。

今天预备会议的议程是：

1. 报告第 ** 届第 ** 次职代会筹备工作情况
2. 通过第 ** 届第 ** 次职代会职工代表资格审查报告
3. 通过第 ** 届第 ** 次职代会议题和议程
4. 通过第 ** 届第 ** 次职代会主席团成员名单

现在进行第一项议程：请 ** 同志作《职代会筹备工作情况报告》，大家欢迎。

（报告完毕，鼓掌）

进行第二项议程：请 ** 同志作《职工代表资格审查报告》。

（报告完毕）

各位代表对《职工代表资格审查报告》有没有意见？有意见请发表，没有意见，通过！（鼓掌）

进行第三项议程：提请大会通过议题、议程。请工作人员宣读。

（宣读完毕）

各位代表对大会议题和日程安排有没有意见？有意见请发表，没有意见，通过！（鼓掌）

进行第四项议程：通过大会主席团名单。大会主席团成员名单会前各代表团（组）已经组织会议进行了认真酝酿和讨论，现提交预备会议通过。请 ** 同志宣读大会主席团名单。

（宣读完毕）

各位代表对大会主席团成员名单有没有意见？有意见请发表，没有意见，通过！（鼓掌）

各位代表，预备会议的议程进行完毕。会后，请大会主席团成员于 **（时间）到 **（地点），召开大会主席团第一次会议。请各位代表于 **（时间）回到主会场，届时将召开本次职代会的正式会议。现在休会。

【范例 3-6】职代会主席团第一次会议主持词

同志们：

现在召开大会主席团第一次会议，主要内容是通过大会执行主席分工名单。现在我先宣读一下大会每日执行主席分工建议名单（以姓氏笔画为序）：

** 月 ** 日，**（时间）**（会议名称），**（人员姓名）；

** 月 ** 日，**（时间）**（会议名称），**（人员姓名）；

** 月 ** 日，**（时间）**（会议名称），**（人员姓名）；

……

同志们对大会每日执行主席的分工名单有没有意见？有意见请发表……

没有意见，通过！（鼓掌）

从今天下午开始，就由每天每场会议的执行主席轮流主持大会。

现在休会。

二、职工代表大会正式会议

在充分准备、开好预备会议的基础上，召开职代会的正式会议。职代会的正式会议是职代会制度的核心，也是发挥职代会作用、行使职代会各项职权的主要场所和载体。正式会议的主要流程及内容如图 9 所示：

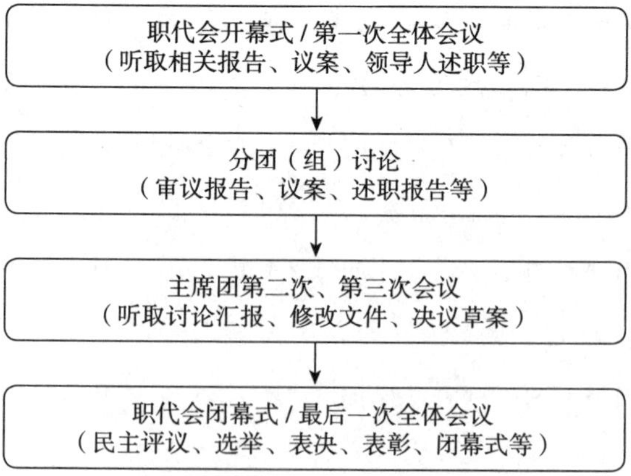

图 9　职代会正式会议流程

（一）大会开幕式

大会开幕式标志着职代会和全体职工代表开始履行各项职权，同时也是全体代表的第一次正式会议，一般情况下，提交大会审议的主要议题都要在这一阶段向大会报告。因此，必须精心安排、严密组织，保证在庄重、热烈的气氛中按照事先确定的程序有条不紊地进行。其主要内容及程序如下：

（1）大会执行主席核实出席大会的职工代表人数。

到会职工代表超过全体应到会代表总数的2/3，即可宣布开会。

（2）宣布职代会开幕，全体起立唱《国歌》。

（3）宣布大会议程。

（4）上级领导或本单位领导讲话，或致开幕词。

简要介绍本次大会的目的、意义、中心议题和主要任务。开幕式由大会执行主席主持，开幕词可由大会执行主席致辞，也可由单位主要领导致辞。开幕词是开幕式的一项重要内容，开幕词致得好，能使会议显得正规、庄重、热烈，还可以使与会代表了解会议宗旨及有关问题。一般致辞应该简洁明了、口语化。

（5）企事业单位主要负责人作行政工作报告。

报告主要内容包括：企事业单位生产经营管理情况、存在的问题及改进措施；有关发展规划、重大决策、重大技术改造方案情况；有关改善职工生活福利的情况等。

（6）行政有关负责人作其他专项报告。

凡应提交职代会审查或审议的报告或方案，均应由行政有关负责人向大会报告，说明依据、目的和具体实施办法，也可针对职工代表的意见作具体说明。这类报告或议案通常由职代会行使审议建议权，但涉及职工切身利益的重大事项应当经职代会审议通过。

（7）职代会闭会期间联席会议协商处理重要问题的报告。

（8）上次职代会决议落实及提案办理情况的报告。

（9）上年度集体合同履行情况的报告。

（10）审议本年度集体合同（新合同）草案。

（11）听取公司领导人员述职，进行民主评议。

（12）其他需要大会审议的事项。

（二）代表团（组）讨论

以职工代表团（组）为单位，就以上报告、说明、议案等分组进行讨论；同时对大会的各项决议草案和需经大会选举的候选人进行酝酿；对有关决议草案进行审议；对单位领导人进行民主评议（也可以在大会上进行）。大会主席团成员分别参加本代表团（组）的讨论，各代表团（组）应指定专人认真记录职工代表的讨论发言，整理归纳后，将讨论意见向主席团汇报。代表团组讨论要注意恰当行使职代会的各项职权，严格履行审议建议、审议通过、民主监督、民主选举等各项职权的程序及内容。

（三）主席团第二次、第三次会议

主席团第二次、第三次会议可以合并，也可以分别召开，根据当次职代会的议程安排及实际需要而定。其主要内容是听取各代表团（组）对有关报告、议案讨论情况的汇报；听取民主评议领导人员的情况汇报；根据职工代表的意见建议提出提交大会审议通过的有关决议（草案）；决定会议需要主席团决定的其他有关事项等。

（四）大会闭幕式

大会闭幕式是职代会为圆满完成大会主要议程所举行的最后一次正式会议。其主要内容及程序如下：

（1）大会执行主席再次核实出席大会的职工代表人数。

（2）宣布大会议程。

（3）作有关民主评议领导人员情况报告（根据单位实际情况决定是否进行）。

（4）作有关大会文件修改情况的报告。

（5）职工代表质询（根据单位实际情况决定是否进行）。

（6）大会选举。

根据大会授权选举相关人员，如选举职工董事、职工监事、职代会专门委员会（小组）人选等。

（7）大会表决。

宣读大会各项决议草案，进行表决。如需进行无记名投票，在职工代表投票表决以后，进行计票的同时，大会继续进行或暂时休会，等候计票结果。

注意：在选举和表决之前，需要大会通过表决办法、监票人名单等。

（8）宣读表彰决定并颁奖。

（9）宣布大会表决结果。

（10）领导讲话，或致闭幕词。

（11）全体起立，唱《国际歌》。

（12）大会执行主席宣布大会闭幕。

需要特别注意的是：有些单位职代会时间有限，将主席团第二次和第三次会议内容合并，不再召开主席团第三次会议。有些单位在实践中并未设置主席团、专门委员会（小组）、联席会议等机构和制度。此外，还有一些未建工会和党组织的企业、人数较少实行职工大会制度的企业等情况。关于这些特别情况如何规范建设和组织实施职代会，在本书的第五章相关知识问答部分有所涉及，这里不再赘述。

此外，实践中遇有重大事项，经企业行政、工会或三分之一以上职工代表提议，可以召开职代会的临时会议，临时会议程序规范与正式会议基本相同。

【范例 3-7】职代会闭会期间联席会议协商处理问题的报告

** 公司第 ** 届第 ** 次职工代表大会闭会期间联席会议协商处理重要问题的报告

各位代表：

根据上级有关文件规定，在职代会闭会期间，公司发生涉及职代会职权并急需解决的重要问题，而条件又不允许召开职代会时，由公司工会召集职代会代表团（组）长、专门委员会（小组）负责人和职工代表联席会议协商处理。公司第 ** 届第 ** 次职代会闭会期间先后召开了两次联席会议，现将会议情况报告如下，请审议：

第一次联席会议于 ** 年 ** 月 ** 日召开。会议对公司集体合同上半年履行情况进行了检查。会前，公司工会会同行政组织职工代表对集体合同、防暑降温、人身安全等进行了巡视检查，并将检查结果及时反馈给了行政有关部门。会议认真听取了行政有关部门和职工代表检查组的汇报。会议对上半年集体合同落实情况表示满意，对合同中关于职工休假等问题给予了高度重视，建议公司积极采取措施解决。

第二次联席会议于 ** 年 ** 月 ** 日召开。会议审议了《公司互助补充保险办法》（以下简称《办法》）的修订意见。会议认为，修订《办法》对提高职工保障水平、树立自我保障意识、增强企业的凝聚力有着积极作用，有利于调动职工安全生产的积极性，体现了工人阶级团结友爱、互助互济的优良传统。会议要求保险基金的管理人员要按照《办法》管好、用好保险基金，解决职工的实际困难。

上述 ** 次会议后，均形成了会议纪要印发到分公司，并在公司厂务公开栏中进行了公布。按照联席会议的有关规定，会议情况提交本次大会确认，请代表审议。

【范例 3-8】上届职代会提案办理情况报告

** 公司第 ** 届第 ** 次职工代表大会提案办理情况报告

各位代表：

受第 ** 届第 ** 次职代会提案工作委员会委托，向本次会议报告第 ** 届第 ** 次职代会提案工作情况，请予以审议。

一、提案基本情况

** 年 ** 月召开的公司第 ** 届第 ** 次职代会共征集提案 ** 件，经提案工作委员会逐项讨论研究，提出立案意见，并提交公司党委常委会暨厂长办公会，决定立案 ** 件，并案处理 ** 件，作为建议 ** 件，未立案 ** 件。立案提案已转交公司有关领导和部门进行处理，已全部办结，现将提案具体处理情况报告如下：

二、生产经营方面

1. 关于 **（单位）划归公司管理的提案。公司领导高度重视，责成公司有关部门抓紧处理。目前，有关机构组织已开始行动，正在进行审计和财务清算工作，预计到 ** 年一季度开始办理有关手续，争取上半年交接完毕。

2. 关于建议在 ** 部设立 ** 中心的提案。公司有关领导和职能部门进行认真研究。有关职能部门答复如下：** 部门不具有 ** 职能，故不能成立 ** 中心。根据《** 检查管理办法》，设备质量应由有关行政执法部门监督检查。

3. 关于加强公司安全工作的提案……

三、企业内部改革方面

关于在职工中进行兼职驾驶员培训的提案。公司有关部门进行了认真落实。目前，我公司已组织过多期兼职驾驶员的培训，这些经过培训的兼职驾驶员主要在生产班组发挥了积极作用。

四、职工队伍素质提高方面

关于加强职工技术教育培训、加强中年职工专业技术培训的两条提案。科技教育部进行了认真讨论，报领导批准，制定了相应的规划。从 ** 年起，加大对生产人员的技能培训力度，着力提高公司员工的技能水平，现已完成 ** 名中级工培训、鉴定工作，并从生产骨干、班组长中选送员工参加高级技能培训，已送培技师 ** 人，高级工 ** 人，使我公司中青年人员的技能水平得到迅速提高，成为企业生产的中坚力量。

五、生活福利方面

关于在公司建设母婴室的提案。经公司后勤部门调研，目前母婴室选址已经完成，正在进行房屋装修及设备招标采购。预计 ** 年 ** 月前正式投入使用。

职代会提案是民主管理和民主参与的重要环节，也是我公司落实党的方针政策、全心全意依靠广大职工办企业的重要体现，有利于调动广大职工参与企业管理的积极性、主动性和创造性。我们将一如既往地认真做好这项工作，使提案工作的质量不断提高，在企业“两个文明”建设中发挥更大的作用。

【范例 3-9】职代会决议（草案）

** 公司第 ** 届第 ** 次职工代表大会决议（草案）

** 公司第 ** 届职代会第 ** 次会议于 ** 年 ** 月 ** 日召开。

大会应到代表 ** 名，实到代表 ** 名，符合法定要求。

大会听取并审议了 ** 同志题为《***》的工作报告；审议了《** 公司 ** 年经营计划及财务预算安排》、《** 公司领导班子廉洁自律情况的报告》、《** 公司 ** 年业务招待费使用情况的报告》、《** 公司第 ** 届第 ** 次职代会代表提案办理情况的报告》。

大会以无记名投票表决方式审议通过了《** 公司厂务公开管理制度实施细则》（表决结果：通过，其中，赞成票……，反对票……，弃权票……），《** 公司 ** 年集体合同（草案）》（表决结果：通过，其中，赞成票……，反对票……，弃权票……）；选举产生了 ** 公司第 ** 届职代会五个专门委员会，圆满完成了会议各项议程。

最后，公司党委书记、董事长 ** 同志作了总结讲话。

会议决议如下：

会议认为，** 同志的 ** 年工作报告，贯彻了党的二十大以及 ** 集团公司“两会”精神，总结成绩实事求是，内容实、亮点多，让我们充满信心；分析面临的形势任务，判断准确、发人深省；全面翔实地部署了重点工作，发出了接续奋斗的动员令。在 ** 公司党委领导下，广大干部职工勇于超越、甘于奉献，一定能够战胜各种困难，全面完成各项目标任务。

会议指出，** 年 ** 公司全体干部职工坚持疫情防控和生产经营建设“两手抓、两不误”，保持定力，砥砺前行。企业经营管控能力持续提高；** 主业稳产保供；** 项目稳步推进；** 产业稳量提效；基础管理质量持续提升；党建工作向纵深发展，全面完成了年初职代会确定的各项目标任务。成绩的取得来之不易，凝聚的是全体职工的辛勤付出，收获的是改革再出发的满满信心。

会议要求，完成 ** 年各项任务，要深化改革创新，全面推进 ** 公司高质量发展；全力挖潜，稳固主业发展基础；加速资源接替，全力推进 ** 项目建设；稳质提效，增强 ** 产业发展能力；抓住机遇，推动 ** 产业优质发展；精益管理，筑牢企业发展根基；全面从严治党，保障企业稳健发展。

会议强调，围绕贯彻党的二十大精神，** 集团公司“两会”和 ** 公司职代会精神，全体干部职工要凝聚共识、保持定力，超前谋划、扎实工作，确保 ** 年各项目标任务的实现。

会议期间，代表们认真审议，广泛讨论，积极建言献策，提出了许多好的意见和建议。会后，各单位、各部门要认真梳理，研究落实。

会议号召，全体干部职工要在 ** 公司党委领导下，以冲刺的速度、决战的姿态，锚定目标，勇毅笃行，为打牢 ** 公司 ** 大发展的基础、实现 ** 年目标任务而努力奋斗！

** 公司第 ** 届第 ** 次职代会

** 年 ** 月 ** 日

【范例 3-10】职代会开幕式 / 第一次全体会议主持词

各位代表、同志们：

我受大会主席团的委托，主持今天的会议。

今天大会应到正式代表 ** 人，请假 ** 人，实到 ** 人，符合法定人数，可以开会（代表实到情况以工作人员书面报告为准）。

今天，我们还特别邀请了曾为我公司建设和发展作出突出贡献的老领导参加会议，邀请了省级劳模 ** 同志、上级领导 ** 同志参加会议，让我们以热烈的掌声向他们表示欢迎和敬意！

今天大会的执行主席是 **、**、** 同志。

现在我宣布：** 公司第 ** 届第 ** 次职代会正式开幕。

请全体起立，奏《国歌》。

（完毕）请坐下。

下面我宣布今天大会的主要议程：

（宣布完毕）

下面进行大会第一项议程，请集团上级领导 ** 致开幕词，大家欢迎！

（讲话或致辞完毕）。

进行大会第二项议程，请公司总经理 ** 同志作《** 年工作报告》，大家欢迎！

（报告完毕）

进行大会第三项议程，请公司财务总监 ** 同志作《** 年度财务工作报告》，大家欢迎！

（报告完毕）

进行大会第四项议程，请公司副总经理 ** 同志作关于制定公司《职代会实施细则（试行）》的说明，大家欢迎！

（报告完毕）

进行大会第五项议程，请公司人力资源总监 ** 同志作《职工专业技术职称评聘办法（试行）》的说明，大家欢迎！

（报告完毕）

进行大会第六项议程，请公司工会主席 ** 同志作《关于职代会闭会期间联席会议协商处理重要问题的报告》，大家欢迎！

（报告完毕）

进行大会第七项议程，请公司副总经理 ** 同志作《关于公司第 ** 届第 ** 次职代会提案办理情况的报告》，大家欢迎！

（报告完毕）

进行大会第八项议程，请公司副总经理 ** 同志作《关于 ** 年度集体合同履行情况的报告》，大家欢迎！

（报告完毕）

进行大会第九项议程，提请大会审议《** 年度集体合同（草案）》，请工作人员宣读（或请代表翻阅大会文件

《集体合同（草案）》）。

（宣读完毕）

进行大会第十项议程，进行领导人员述职。

同志们，根据《职代会民主评议领导人员办法》，现由公司领导人员分别向职工代表述职。首先，请公司总经理 ** 同志述职。请公司副总经理 ** 同志做准备。

（相关领导人员逐一述职完毕）

同志们，今天上午大会日程安排的各项任务已经完成。

现在宣布大会通知：

1. 根据大会日程安排表，请于今天下午 2:00，由各代表团（组）长负责准时召集分团（组）讨论会议。

2. 分团（组）讨论会上，一方面，根据公司领导人述职情况，组织民主评议工作（填写测评表），充分讨论、酝酿，并对评议情况进行收集、汇总与分析，向主席团会议汇报；另一方面，根据本次大会提请审议的相关报告、议案，进行充分讨论、酝酿，并收集、汇总、分析职工代表的意见和建议，向主席团会议汇报。

（通知完毕）

现在休会。

【范例 3-11】职代会主席团第二次会议主持词

同志们：

现在召开大会主席团第二次会议。

本次会议的主要内容是听取各代表团（组）讨论情况的汇报。

今天下午，代表们对大会的各项报告、议案和有关文件分组进行了认真讨论，下面请各代表团（组）汇报一下本团（组）职工代表的讨论情况。汇报顺序是：** 代表团，** 代表团，** 代表团……

（汇报完毕）

汇报到此结束，感谢各团（组）代表的认真讨论和汇报。从大家汇报的情况看，各位代表都对大会文件进行了认真的讨论，并从关心公司改革、发展、稳定的高度，对大会文件的修改提出了许多好的意见和建议。会后请各代表团（组）把讨论记录交大会秘书组。

主席团成员对会议有关文件和决议（草案）的修改还有没有新的意见？有意见请发表……

如果没有意见，请大会秘书组同志根据各代表团（组）提出来的意见和建议，对会议有关文件和决议（草案）抓紧时间进行修改。

今天的主席团会议就开到这里。现在宣布会议通知（略）。

（通知完毕）

现在休会。

【范例 3-12】职代会主席团第三次会议主持词

同志们：

现在召开大会主席团第三次会议。

首先，请 ** 同志汇报对大会文件的修改情况。

（汇报完毕）

主席团成员对大会有关文件的修改还有没有新的意见？有意见请发表……

如没有意见，请秘书组将修改后的文件，分不同情况，该提交大会审议通过的提交大会审议通过，该发给职工代表的会后抓紧发给职工代表。

下面请评议监督领导人员委员会主任委员 ** 同志汇报职代会民主评议公司领导人员的情况。

（汇报完毕）

大家对以上评议情况有没有意见？有意见请发表……

如没有意见，我们就请 ** 同志在大会上向全体代表作报告。

下面请 ** 同志宣读提交大会表决通过的 ** 项决议（草案）。

（宣读完毕）

同志们对这 ** 个决议（草案）还有没有新的意见？有意见请发表……

如没有意见，我们就分别提交全体会议表决通过。主席团第三次会议就开到这里。

请大家接着参加大会闭幕式。

【范例 3-13】职代会闭幕式 / 最后一次全体会议主持词

各位代表，同志们：

今天参加大会的正式代表应到 ** 人，请假 ** 人，实到 ** 人，符合开会要求。

今天的大会执行主席是（以姓氏笔画为序）：**、**……

按照大会的日程安排，下面进行大会议程第一项，请公司职代会评议监督领导人员委员会主任委员（或小组组长）** 同志报告本次职代会民主评议公司领导人员的情况。

（报告完毕）

进行大会第二项，请大会主席团 ** 同志作大会文件修改情况的报告。

（报告完毕）

进行大会第三项，职工代表质询。

根据大会讨论情况，经大会主席团会议确定，为充分听取职工代表意见，对提交本次职代会审议的《职工专业技术职称评聘办法（试行）》进行质询。质询时，请围绕办法内容提出问题，职工代表可指定有关部门回答。发言时请举手示意。根据会议征求意见及分团（组）讨论情况，现在首先请人力资源部对大家较集中的意见进行答复。

（答复完毕）

请职工代表举手提问。

（代表提问）

请公司副经理 ** 同志解答。

（解答完毕）

职代会质询就进行到这儿。通过质询，大家对公司制定《职工专业技术职称评聘办法（试行）》的目的意义有了进一步的认识，对有关具体条文进行了认真的对话和探讨，使之趋于完善。质询的民主氛围很好，公司经理亲自答复了职工代表的提问，统一了思想，达成了共识，实现了预期目的。

进行大会第四项，通过有关事项的表决办法及相关人员建议名单。

1. 首先，请公司副总经理 ** 同志宣读《** 公司第 ** 届第 ** 次职代会有关事项表决办法》（以下简称《表决办法》）、《总监票人、监票人、计票人产生办法》，提请大会通过。

（宣读完毕）

各位代表对《表决办法》有没有意见？有意见请发表……没有意见，现在进行表决：

同意《表决办法》的正式代表请举手……请放下！

不同意的请举手……

弃权的请举手……

好，一致通过。（或：同意的 ** 人，不同意的 ** 人，弃权的 ** 人，超过半数，通过）。

各位代表对《总监票人、监票人、计票人产生办法》有没有意见？

有意见请发表……

没有意见，现在进行表决：

（表决程序同上，略）

2. 请公司副总经理 ** 同志宣读 ** 公司第 ** 届第 ** 次职代会总监票人、监票人建议名单，提请大会通过。

（宣读完毕）

各位代表对 ** 同志任总监票人，**、**……同志任监票人有没有意见？

有意见请发表……

没有意见，现在进行表决：

（表决程序同上，略）

进行大会第五项，进行有关人员的选举。

1. 选举公司第 ** 届职代会专门委员会（小组）成员

（新建或换届）。

2. 选举公司职工董事、职工监事。

（主持词略）

进行大会第六项，就大会审议通过事项进行无记名投票表决。

根据《企业民主管理规定》的相关要求，公司《** 年度集体合同（草案）》，涉及职工切身利益的重要制度等，需经职代会审议通过。

针对《职代会实施细则（试行）》、《职工专业技术职称评聘办法（试行）》、《** 年度集体合同（草案）》三项内容，下面将采用无记名投票分项表决的方式进行表决。

请总监票人、监票人、总计票人、计票人就位，按照分工开始工作。

（进行无记名投票，主持词参见无记名投票表决程序中的范例）

（投票结束，开箱清点完表决票，总监票人向大会报告收回和发出表决票数，并宣布表决有效后，大会主持人继续主持）

请监票人、计票人到计票处计票。

大会继续进行。

进行大会第七项，宣读表彰决定并颁奖。

请 ** 同志宣读《关于表彰 ** 公司 ** 年度厂务公开民

主管理先进集体和先进个人的决定》。

（宣读完毕）

现在向受表彰的单位发奖。请受表彰单位的代表按以下顺序上台领奖：

（颁奖）

让我们再一次用热烈的掌声向获奖单位表示祝贺！

（如颁奖结束，大会表决结果仍未统计出来，可暂时休会）

进行大会第八项，宣布大会表决结果。

现在向大会报告审议通过事项的无记名投票表决结果：

1.《职代会实施细则（试行）》的投票结果：

同意 ** 票，不同意 ** 票，弃权 ** 票。

2.《职工专业技术职称评聘办法（试行）》的投票结果：

同意 ** 票，不同意 ** 票，弃权 ** 票。

3.《** 年度集体合同（草案）》的投票结果：

同意 ** 票，不同意 ** 票，弃权 ** 票。

根据本次大会的表决办法，同意票数全部超过全体正式代表的半数，以上三项内容全部通过！

进行大会第九项，宣读大会决议（草案）。

首先请主席团成员 ** 同志宣读大会决议（草案）。

（宣读完毕）

现在对大会决议（草案）进行表决：

同意的正式代表请举手……请放下！

不同意的请举手……

弃权的请举手……

好，一致通过（鼓掌）！

进行大会第十项，请公司党委书记、董事长 ** 同志讲话（或致闭幕词）。

（讲话或致辞完毕）

各位代表、同志们，** 公司第 ** 届第 ** 次职代会在与会全体代表和工作人员的共同努力下，按照会议的议题和日程，圆满地完成了预定的任务，把这次大会开成了一个民主的大会、团结的大会、鼓劲的大会、深化改革的大会。希望各位代表认真传达、贯彻、落实这次大会精神，动员全公司广大职工认清形势，明确任务，团结一致，开拓进取，为深化改革、实现 ** 年各项奋斗目标作出新的贡献！

最后，我代表大会主席团和全体代表，向为大会热情服务、辛勤工作的全体工作人员表示衷心的感谢！

请全体起立，奏《国际歌》（或《咱们工人有力量》）。

现在宣布：** 公司第 ** 届第 ** 次职代会胜利闭幕！

三、职工代表大会形成相关决议的流程

职代会决议是以书面形式记载职代会审议、通过的决定事项，是职代会在其职权范围内依法对所议重大事项和问题

的决定，具有权威性和约束性，是一种法定性文书。一般由主席团起草，不设主席团的由工作机构起草。实际工作中，为了提高会议效率，在会议筹备阶段应当提前草拟决议文本，在开会过程中根据会议实际进展情况进行讨论、协商和修改，供会议使用。

根据《企业民主管理规定》第二十一条："职工代表大会在其职权范围内依法审议通过的决议和事项具有约束力，非经职工代表大会同意不得变更或撤销。企业应当提请职工代表大会审议、通过、决定的事项，未按照法定程序审议、通过或者决定的无效。"这一规定体现了职代会的权威性、严肃性，表明职代会的决议对企业和企业的全体员工均有约束力，决议所涉及的相关人员必须按照决议的要求执行。职代会审议通过的决议和事项，必须是其职权范围内的事项，同时也必须依照法定程序形成决议，违反程序所做的决议和事项是不具有约束力的。

关于职代会形成决议的程序要求，《全民所有制工业企业职工代表大会条例》（1986 年）、《企业民主管理规定》（2012 年）、《学校教职工代表大会规定》（2011 年）、《关于规范召开企业职工代表大会的意见》等法律法规政策文件都有所涉及，属于全国层面、不同性质单位层面基本的、普适性的规定，其他省市也有制定颁布地方立法、规章等来规范职代会召开程序的。以北京市为例，《北京市企事业单位职工（代表）大会工作程序规定》、《关于加强国有及国有控股公司集团型职工代表大会制度建设的意见》、《关于深入推进非公有制企业民主管理工作的意见》等文件也对企事业单位职代会、集团职代会作出了相应规定。结合上述依据及职代会的主要职权，我们梳理了以下关于职代会形成决议的主要流程供参考。

（一）职工代表大会审议建议程序

（1）单位行政管理方提出重大决策目标、措施和依据，工会征求和反馈职工意见。工会根据需要组织职工代表或专门委员会（小组）对企业经营管理方起草的决策方案或工作报告，做专项调查、考察等可行性论证。

（2）在职代会预备会议召开前至少 7 个工作日将拟提请职代会审议的方案或草案等发给职工代表，征求意见和建议。单位行政管理方依据职工代表的意见对决策方案或草案进行修改。

（3）召开职代会预备会议，决定是否将拟审议的方案或草案等事项列入职代会议程。

（4）召开职代会正式会议。

①由单位行政管理方就拟提交大会审议的方案或草案向大会作报告；

②组织职工代表对所作报告进行审议，提出意见和

建议；

③工会汇总职工代表和群众的意见和建议，由职代会主席团研究并形成修改意见，反馈给单位行政管理方；

④单位行政管理方根据修改意见，完善方案或草案；

⑤进行大会表决，形成决议，记录在案。

（二）职工代表大会审议通过程序

（1）单位行政管理方提出制订方案的原则、依据和条件，工会参与方案的制订并组织职代会相关专门委员会（小组）进行调研，作出可行性论证。

（2）在职代会预备会议召开前至少 7 个工作日将拟提请职代会审议通过的方案草案发给职工代表，征求意见和建议。有关方面依据职工代表的意见对方案或草案进行修改。

（3）召开职代会预备会议，决定是否将拟审议通过的方案或草案等事项列入职代会议程。

（4）召开职代会正式会议。

①单位行政管理方就拟提交大会审议通过的方案或草案向大会作报告；

②职工代表对所作报告进行审议，提出意见和建议；

③工会汇总职工代表和群众的意见和建议，由职代会主席团研究并形成修改意见，反馈给单位行政管理方；

④有关方面根据修改意见，完善方案或草案；

⑤以无记名投票的方式对方案或草案进行表决，形成决议，记录在案。

（三）职工代表大会审议决定程序

（1）单位行政管理方与工会共同制订方案。工会征集职工意见，作为方案制订的依据，工会和职代会相关专门委员会（小组）组织可行性论证。

（2）在职代会预备会议召开前至少 7 个工作日将拟提请大会审议决定的方案或草案发给职工代表，征求意见和建议，有关方面依据职工代表的意见对方案或草案进行修改。

（3）召开职代会预备会议，决定是否将拟审议决定的方案或草案等事项列入职代会议程。

（4）召开职代会正式会议。

①单位行政管理方就拟提交大会审议决定的方案或草案向大会作报告；

②组织职工代表对所作报告进行审议，提出意见和建议；

③工会汇总职工代表和群众的意见和建议，由职代会主席团研究并形成修改意见，反馈给单位行政管理方；

④单位行政管理方吸纳工会和职工代表意见，修改、完善方案或草案；

⑤以无记名投票的方式对方案或草案进行表决，形成决

议，记录在案。

（四）职工代表大会形成决议的主要流程

职代会在对行政工作报告和提交大会的各项议案认真审议后，应当由职代会作出相应的决议或决定，形成职代会在其职权范围内依法作出的决议和决定。职代会形成决议的主要步骤是：

（1）大会主席团根据职代会对各项议题进行审议的情况起草决议草案；

（2）将决议草案提交职工代表团（组）讨论，提出意见；

（3）大会主席团根据各代表团（组）的讨论意见作进一步修改；

（4）在职代会上宣读决议草案，并征求职工代表意见；

（5）大会对决议草案进行表决，形成决议；

（6）对职代会在其职权范围内做出的决定进行修改、变更时，必须经职代会同意。企事业上级行政领导机关提出并经职代会审议已作出决议的事项，应贯彻实施，一般不再作为下级单位职代会审议的内容，如针对本单位的具体情况有新的补充规定，可以对这部分提交审议。

四、职工代表大会无记名投票表决流程

（一）无记名投票表决的主要事项

《企业民主管理规定》第二十条："职工代表大会选举和表决相关事项，必须按照少数服从多数的原则，经全体职工代表的过半数通过。对重要事项的表决，应当采用无记名投票的方式分项表决。"

第一，表决遵循民主集中制原则，表决时一人一票、少数服从多数。

第二，表决方式通常有口头表决、鼓掌表决、举手表决、票决（无记名投票和有记名投票）等方法。一般性事项，如通过大会议程、议题、主席团名单、监票人名单等程序性事项，可采用鼓掌、举手的方法。

第三，关于无记名投票表决，在实践中，各单位实际情况差异较大，因此所谓"重要事项"也有所不同。一般情况下，建议下列事项采用无记名投票表决方式：

（1）职工代表的选举、罢免和撤换；

（2）职代会职权范围内的"审议通过"事项，如审议通过集体合同草案，职工福利基金使用方案，住房公积金和社会保险费缴纳的比例和时间调整方案，劳动模范推荐人选等；

（3）依法授权职代会选举的相关人员，如职工董事、职工监事的选举等；

（4）直接涉及广大职工切身利益的规章制度及重要事项，如有关劳动报酬、工作时间、休息休假、劳动安全卫生、保险福利、职工培训、劳动纪律以及劳动定额管理等。

（二）无记名投票表决的主要流程

无记名投票表决流程如图10所示。

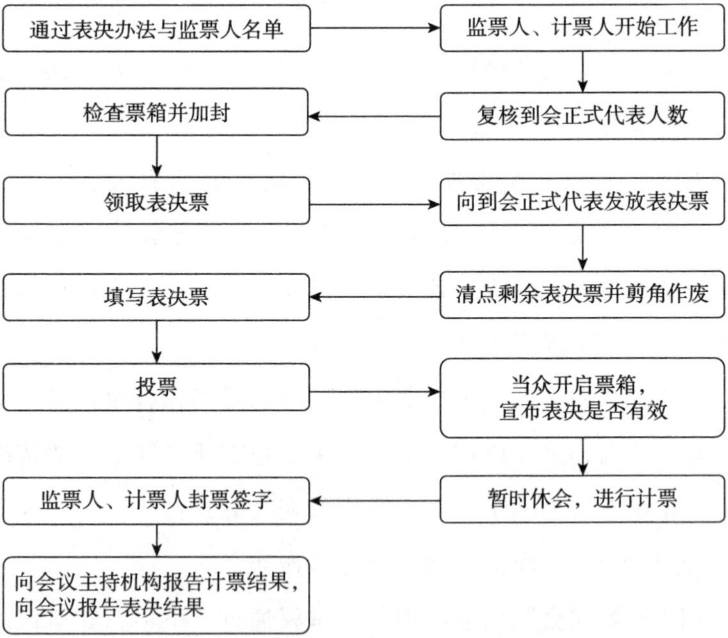

图10　职代会无记名投票表决流程

1. 通过表决办法、监票人名单

投票表决的第一项工作是大会通过表决办法，通过总监票人、监票人名单。在此前还有不少工作要做，如与各代表团协商，分别推荐监票人，而后提出监票人与总监票人建议名单，请有关领导研究确定建议名单。计票人一般在工作人员中指定。

2. 监票人、计票人履行职责

会议主持人宣布投票表决开始后，监票人、计票人走上工作岗位，总监票人主持选举和表决。监票人、计票人按照事先的分工进行工作。

3. 复核到会人数

这是简单的工作也是至关重要的一步，费一点时间不要紧，因为人数不准，会导致后面发选票及投票被动等低级的错误。人数的清点可以采用倒计数的方式，只数区域内没有到的正式代表。总监票人复核到会正式代表人数，向大会报告实际参加表决的到会正式代表人数。

4. 监票人检查票箱并加封，置于会场显著位置

事先要准备好票箱、胶带或者锁、剪刀、胶水、铅笔等。检查票箱并加封的过程要当场公开进行，一般由两个监票人将票箱抬起来请大家观看，之后在大家的注视下加封，并将票箱放在会场的显著位置。

5. 领取表决票

总监票人到大会主持人（或执行主席）处领取表决票，监票人、计票人清点表决票。为了使清点表决票的工作准确快捷，应事先根据会场的座位情况，计算出每个区域的座位，按区域封装表决票。

6. 发放表决票

在发放表决票的过程中，可以采用倒计数的方式，计算缺席人数。注意提醒代表在主持人发出填写通知后再写，以免有的代表拿到表决票后就开始填写画票。

7. 清点剩余表决票，确认无误后剪角作废

在询问与核实每位代表都有票，确认无误后，将剩余的表决票当众示意，并剪角作废。

8. 主持人宣读填写说明，职工代表填写表决票

表决票发放到代表手中后，要及时宣读填写注意事项，提醒代表不要画错，而后开始填写表决票。

9. 介绍投票顺序与路线，进行投票

代表填写表决票（一般在 10 分钟内）后，主持人要及时介绍投票顺序与路线。投票顺序为：总监票人、监票人先行投票，主席台上主席团成员投票，代表投票。代表的投票一般由监票人和计票人引导。投票路线一般是采用转大圈的方法、不碰头，一排接连一排，头尾相接。若两个票箱，则可以双向循环，投票的速度会加快一倍。

10. 当众开箱清点表决票，并宣布表决是否有效

投票结束后，监票人和计票人要抓紧打开票箱清点票数。和发出的票数比对，收回的表决票等于或者少于发出的表决票时表决有效，否则无效。总监票人向大会报告发出和回收的表决票数，主持人（执行主席）确认后向大会宣布表决是否有效。如表决有效，则宣布开始计票。

11. 计票，休会

计票人计票，监票人监督计票。代表休会，可安排休息或者茶歇，也可以安排大会表彰等内容。会前应该准备好计票的各种统计表。计票一般可以采用倒计票的方式，统计反对票、弃权票，采用画“正”字的方式，提高效率。

12. 封票，签字

计票完毕，监票人要对表决票进行清点、装袋、加封，总监票人、全体监票人要在密封的袋子上签字。

13. 报告计票结果，宣布表决结果

总监票人向会议主持人报告计票结果。而后，主持人向大会宣布表决结果。

在无记名投票表决流程中还需要注意以下几点：

一是表决要严格按照程序进行，投票结束前代表不能离开会场，一般应等待计票结束，大会宣布计票结果后才能离开；若第一次投票或表决无效，应用预备选票重新投票。

二是职代会进行表决，必须经应出席职代会的全体职工

代表过半数通过。

三是强调分工负责制。各项工作事先落实到人，包括各个衔接处的工作。包括票箱的准备（票箱的大小、位置的摆放、何时运到等）。防止出现重要的事情人人负责又无人负责，关键时刻出错的情况。

四是准备备用选票。要至少备好一套选票，以便特殊情况下使用。

【范例 3-14】职代会表决办法

** 公司第 ** 届第 ** 次职工代表大会表决办法

根据《企业民主管理规定》、《** 公司民主管理实施细则》，特制定本办法。

1.** 公司第 ** 届第 ** 次职代会决议，均提交 ** 公司第 ** 届第 ** 次职代会表决通过后实行。表决工作由大会主席团主持。

2.** 公司第 ** 届第 ** 次职代会的正式代表均有表决权。

3.** 公司第 ** 届第 ** 次职代会决议的表决采取无记名投票方式进行。多项决议一次投票，分项计票。

4. 大会设总监票人 1 名，监票人 ** 名，在大会主席团领导下，负责对大会表决的全过程进行监督。总监票人、监票人由大会筹备委员会推荐，提交职代会通过。大会设总计票人1名，计票人**名，由大会筹备委员会指定。

5. 表决时，参加表决的代表必须超过全体正式代表的三分之二，方可进行表决。缺席大会的代表不参加表决，也不能委托其他代表代为填票、投票。收回的表决票等于或少于发出的表决票，表决有效；收回的表决票多于发出的表决票，表决无效，应重新进行表决。

6. 大会表决，要充分体现职工代表的意志。表决时，代表有权对职代会的决议表示同意、不同意或弃权。对某项决议同意的，在该项决议右方空格内画“○”，不同意的画“×”，弃权的不画任何符号。

7. 填写表决票一律使用钢笔或圆珠笔，符号要准确，字迹要清楚，不要画在两个决议之间，对填写模糊不清的表决票，无法确认的部分，按弃权处理。

8. 投票前，由监票人当众检查票箱，确认为空箱后加封，置于会场显著位置。投票时，总监票人、监票人、主席团成员先行投票，然后，其他代表依次按指定的路线进行投票。

9. 投票结束后，监票人当众打开票箱，由监票人和计票人共同清点票数后，由总监票人向大会宣布表决是否有效。

10. 表决结果，单项决议获得超过应到会正式代表半数以上的同意票，该项决议视为通过。

11. 计票结束，由总监票人向大会执行主席报告表决结果，然后，由大会执行主席向全体代表报告表决结果。

12. 本表决办法经 ** 公司第 ** 届第 ** 次职代会通过后生效，解释权属大会主席团。本办法的未尽事宜，授权大会主席团研究处理。

【范例 3-15】职代会表决监票人、计票人组成方案及产生办法

** 公司第 ** 届第 ** 次职工代表大会监票人、计票人组成方案、产生办法及建议名单

为认真做好 ** 公司第 ** 届第 ** 次职代会无记名投票表决工作，大会设总监票人、监票人、总计票人和计票人。其组成方案、产生办法及建议名单如下：

1. 组成方案

大会设总监票人 1 名，监票人 ** 名；总计票人 1 名，计票人 ** 名。

2. 产生办法

大会总监票人、监票人由大会筹备委员会推荐，提交职代会通过。总计票人、计票人由大会筹备委员会指定。

3. 建议名单

总监票人：**

监票人：**、**、**……

总计票人：**

计票人：**、**、**……

【范例 3-16】职代会总监票人、监票人和计票人职责

** 公司第 ** 届第 ** 次职工代表大会
总监票人、监票人和计票人职责

1. 总监票人的职责

负责组织和监督表决的全过程；

负责对监票人进行职责分工并协调他们之间的工作；

负责审查参加表决的人数、发出表决票数和收回表决票数，对有争议的表决票作出鉴定或裁决；

审查表决结果并签字，向大会报告计票情况。

2. 监票人的职责

投票前检查票箱，监督发放表决票；

投票时监督投票；

投票结束后，当众打开票箱，监督计票人清点表决票，核实收回表决票是否与发出的票数相符，并将核实情况如实报告总监票人；

在会议主持人宣布表决有效后，监督计票人计票；

计票结束后，审核计票结果并签字。

3. 计票人的职责

在监票人的监督下分发、清点和统计表决票；

在计票结果报告单上签字。

【范例 3-17】职代会表决票

** 公司第 ** 届第 ** 次职工代表大会表决票

序号	表决事项	同意	不同意	弃权
1	《** 公司 ** 年集体合同（草案）》			
2	《** 公司 ** 职代会实施细则（试行）》			
3	《** 公司专业技术职称评聘办法（试行）》			
……	……			

说明：1. 职工代表有权对表决事项表示同意、不同意或弃权。
2. 对某一事项表示同意的，在其事项右侧的符号栏内画“○”，不同意的画“×”，弃权的不画任何符号。
3. 填写表决票一律使用黑色签字笔，符号要准确，字迹要清楚，不要画在表格线上，字迹模糊不能辨认的部分无效。

【范例 3-18】职代会表决票发放结果报告单

** 公司第 ** 届第 ** 次职工代表大会
表决票发放结果报告单

序号	内容	数量
1	参加大会正式代表人数	

续表

序号	内容	数量
2	实际发出表决票数	
3	收回表决票数	
4	有效表决票数	
5	作废表决票数	

总监票人签字：**　　　　** 年 ** 月 ** 日

【范例 3-19】职代会计票结果

** 公司第 ** 届第 ** 次职工代表大会计票结果

序号	表决事项	同意票数	不同意票数	弃权票数
1	《** 公司 ** 年集体合同（草案）》			
2	《** 公司 ** 职代会实施细则（试行）》			
3	《** 公司专业技术职称评聘办法（试行）》			
……	……			

总监票人：**　　　　监票人：**、**、**

** 年 ** 月 ** 日

【范例 3-20】职代会总监票人主持词

（主持人宣布总监票人、监票人、总计票人、计票人就

位，按照分工开始工作后）

各位代表：

感谢各位代表对我们监票人、计票人的信任，我们绝不辜负代表们对我们的期望，认真履行好自己的职责，组织好这次大会无记名投票表决工作。为了便于清点参加表决的实际到会人数，请各位代表按照指定的位置就座。

现在请监票人、计票人按照分工复核到会正式代表人数。

（复核后，总计票人向总监票人报告实际出席大会参加表决的人数）

现在向大会报告实际参加表决的正式代表人数：应出席 ** 公司第 ** 届第 ** 次职代会的正式代表为 ** 名，请假的 ** 名，实际出席大会的正式代表 ** 名，超过全体代表总数的三分之二，符合法定人数，可以进行表决。

现在请监票人当众检查票箱并加封。

（检查、加封后）

现在领取并清点表决票。

（总监票人到大会执行主席处领取表决票，监票、计票人清点票数）

现在向大会报告：从大会执行主席处领取表决票 ** 张，经清点无误。

下面请监票人和计票人将表决票发放给各位代表，各位代表领到表决票后，请不要忙于填写，等宣读完填写说明后再填写，以免填错，造成废票。

（发放表决票过程中可根据情况重复说明，表决票发完后，请各位代表检查一下，是否有多拿或者是没有拿到表决票的，如果发现有以上情况的，请举手示意）

（稍停）没有。

（总计票人将发表决票情况向总监票人报告，并清点剩余表决票后）

现在报告表决票发出和剩余情况：** 公司第 ** 届第 ** 次职代会表决票为 ** 张，发出 ** 张，发出票数与到会人数相符。剩余表决票 ** 张，剪角作废。

刚才发给各位代表的表决票上都印有填写说明，下面我宣读一下，请各位代表按照说明填写表决票。

（宣读填写说明）

表决票填完以后，请各位代表认真检查核对一下，看是不是符合填写说明的要求，是不是有差错和不清楚的地方。

（稍停）还有没有未填写的？没有填写完毕的，请抓紧时间填写。

（待职工代表写票完毕）

现在介绍投票顺序和投票路线，投票的顺序是：总监票人、监票人、主席团成员先行投票，然后职工代表投票。投票路线是：代表从自己座位的右侧出来，经过票箱，投完票后从左边通道返回座位。投票时，最后一排的代表先行投票，然后依次进行。代表投票时，请在计票人员的引导下进行。

现在开始投票。请总监票人、监票人投票……

（总监票人、监票人投票后，监票人站在票箱左右监督投票）

请主席团成员投票……

请各位代表按指定的路线，在大会工作人员的引导下投票……

（投票结束后）

现在请监票人、计票人开启票箱，清点票数。

（清点后，总计票人向总监票人报告收回票数情况）

现在向大会报告表决票收回情况：各位代表，这次无记名投票表决共发出表决票 ** 张，收回 ** 张，收回票数和发出票数相符（或者，收回票数少于发出票数 ** 张），表决有效。

（大会执行主席宣布计票人到计票处计票、监票人到计票处监督计票后，监票人、计票人离开会场）

（大会休会或继续进行，进行表彰等议程内容的同时等候计票结果）

（表决结果出来后，填好表决结果报告单并签字，总监票人向大会主席团报告表决结果，再由执行主席向大会全体代表宣布表决结果）

五、职工代表大会民主评议流程

（一）民主评议的对象和内容

职代会民主评议的对象主要是国有企业、集体企业及其控股企业领导班子及成员。民主评议的主要内容包括：政治素质、职业操守情况；履职能力和工作实绩情况；勤奋敬业、尽职尽责维护国家和企业利益情况；依靠职工办企业、维护职工合法权益情况；廉洁从业情况等。要将下列内容作为职代会民主评议的重要内容，使职代会制度在促进企业党的建设、推动科学发展、构建和谐企业中充分发挥作用。

（1）关于企业重大决策、重要人事任免、重大项目安排和大额度资金运作“三重一大”事项决策制度的执行情况；

（2）企业领导人员廉洁从业情况；

（3）涉及职工切身利益重大事项的决策及执行情况；

（4）重要规章制度的制定及执行情况；

（5）实行厂务公开情况等。

（二）民主评议的主要流程

职代会民主评议流程如图 11 所示。

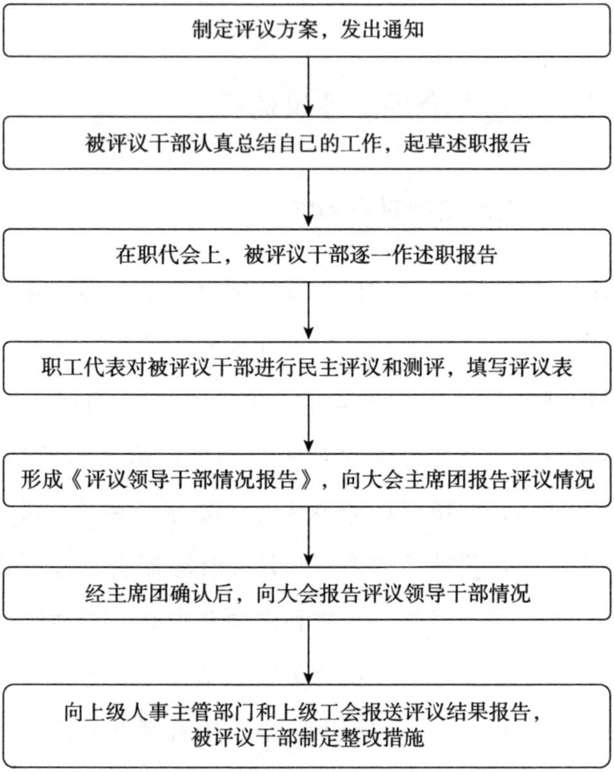

图 11　职代会民主评议流程

1. 制定评议方案

评议方案应该包括该项工作的总体时间安排，企业领导人员述职报告应包括内容和事项、字数和时间、述职的方式（一般是口头述职），述职报告是否提前由主要领导审阅等要求。关于述职的内容，除了报告一年中自己履行岗位职责的情况外，应该按照党组织的要求，报告廉政建设的具体事项等。制定方案这个阶段，还应起草（或修订）评议干部办法，让大家有所遵循。

2. 被评议者准备述职报告

民主管理工作规范的单位，企业领导人员对述职报告是十分重视的。述职报告不宜过长，可根据实际情况和相关要求灵活处理。简要报告当事人履行岗位职责的情况，按规定回答核心问题，不要空话套话。

3. 被评议者述职

述职一般应该口头进行。有的单位为表示对职工代表的尊重，提前将被评议干部的述职报告印发给职工代表。述职时间一般不超过 10 分钟，正职可以稍微多一些，一般不超过 20 分钟。

4. 职工代表测评和评议

随着办公自动化的推广，有些单位测评也越来越科学，对被评议干部“德能勤绩廉”及综合评价采用涂卡或网上评议、扫码评议等形式，快速方便。

5. 形成评议报告，向主席团汇报

民主评议委员会（小组）应及时形成评议情况报告，评议结果出来后，迅速向大会主席团汇报评议情况。

6. 向大会报告评议结果

评议结果由大会主席团通过后，在职代会上向全体代表汇报。

7. 向上级报送评议结果，制定整改措施

评议的结果要及时向上级主管部门和上级工会进行汇报，并汇总整理好有关资料，妥善保管。要及时向被评议干部反馈具体结果，进行整改，以便向下次职代会报告。

（三）民主评议的注意事项

1. 强调真实报告

要规范评议企业领导人员。有的单位职代会要么进行不了对企业领导人员的评议，要么只是象征性述职、象征性评议。评议的结果只是笼统地进行报告，不向职工代表报告具体数据。要相信和依靠职工群众，把真实情况告诉大家。

2. 强调客观公正

能否客观公正地对企业领导人员进行评议，既是对职代会组织者的考验，对单位整个风气的检阅，也是对评议人——职工代表自身素质的考验。实践证明，绝大多数单位职代会的职工代表是能够客观公正评价企业领导人员的，许多敢于管理、认真负责的干部得到好评就是证明。为进一步做好这方面的工作，可通过在培训职工代表时适当提醒等方式，引导职工代表客观公正地对被评议人进行评价，不要为一己私利做出有损职工代表整体形象的事情。

3. 注重细节

评议企业领导人员是十分严肃认真的事情，评议的结果关系到被评议者的前途命运。要注重有关统计工作的严肃性、科学性、保密性。民主评议委员会（小组）要坚持党性原则，未经核实的事情不能讲，事关重大的问题按规定进行报告。是否以及如何向大会报告民主评议领导干部的评议结果，各单位可结合工作实际进行。

【范例 3-21】民主评议领导干部办法

** 公司第 ** 届第 ** 次职工代表大会
民主评议领导干部办法

1. 根据《** 公司民主管理实施细则》、《关于进一步规范职代会民主测评领导干部工作的通知》等有关规定，制定本办法。

2. 评议公司领导干部工作在大会主席团领导下进行，由公司职代会评议监督领导干部委员会负责组织实施。

3. 评议公司领导干部的范围是：公司董事长、副董事长；总经理、副总经理（含助理）；党委书记、副书记、纪委书记和工会主席。

4. 评议公司领导干部，要从关心、爱护、帮助干部出发，坚持一分为二、实事求是、出于公心，对公司领导干部一年来的思想、工作、作风进行认真分析和客观评价，促使公司领导干部成为“三个文明”建设的带头人。

5. 评议公司领导干部，应坚持党的德才兼备的干部标准和关于选拔任用领导干部必备的条件，结合工作分工和岗位职责，主要从“德、能、勤、绩、廉”等方面进行分析评议。分别按“优秀、称职、基本称职、不称职”四个档次进行评价。

6. 评议公司领导干部按以下流程进行：公司领导干部向职代会作述职报告。各代表团（组）以小组为单位，由组长组织本组正式职工代表对公司领导干部填表评议和测评，测评表装袋密封后上报代表团（组），由代表团（组）指定专人送交评议监督领导干部委员会。评议监督领导干部委员会对全部评议、测评情况进行归纳统计，并写出评议领导干部的专题报告向大会主席团报告，大会主席团通过后再向大会报告。职工代表认为需要个别反映情况时，可以向评议监督领导干部委员会作口头或书面反映。

7. 大会闭幕后，评议监督领导干部委员会将评议结果以书面形式反馈给被评议的领导干部，由本人针对自身不足制定措施认真整改，并在下次公司职代会述职时报告整改情况。同时，评议监督领导干部委员会向被评议领导干部主管部门和上级工会报告民主评议情况和结果。

8. 评议干部材料由公司劳动人事部门妥善保存。

【范例 3-22】领导班子民主评议测评表

领导班子民主评议测评表

测评时间：　年　月　日

测评项目	测评内容	测评意见	
思想政治建设（20 分）	学习贯彻党的路线、方针、政策，坚持立党为公、执政为民的情况；依法执行的情况，执行党风廉政责任的情况	优秀	
		称职	
		基本称职	
		不称职	
领导能力（20 分）	总揽全局能力；科学决策能力；开拓创新能力；解决复杂问题、处置突发事件的能力	优秀	
		称职	
		基本称职	
		不称职	
工作实绩（40 分）	发挥各部门职能作用，为党的中心工作服务的情况；年度工作目标任务的完成情况；临时性工作和重点工作完成情况；配合其他部门开展工作情况	优秀	
		称职	
		基本称职	
		不称职	
自身建设（20 分）	党的建设情况；干部队伍情况；精神文明建设情况；制度建设及实施情况；关心职工实际困难情况	优秀	
		称职	
		基本称职	
		不称职	
综合评价		优秀	
		称职	
		基本称职	

续表

测评项目	测评内容	测评意见	
综合评价		不称职	
特殊情况说明			

说明：请本着实事求是的态度根据客观实际情况作出评价，在相应栏内画“√”；需要特别说明的情况请在相应栏内注明。

【范例 3-23】领导班子成员民主评议测评表

领导班子成员民主评议测评表

测评时间：　年　月　日

测评项目	测评内容	测评意见	**（总经理）	**（副总经理）
德 20 分	政治态度：理想信念，贯彻执行党的路线方针政策的坚定性，政治纪律，理论素养； 思想品质：党性修养，道德品质，执行民主集中制	优秀		
		称职		
		基本称职		
		不称职		
能 20 分	工作思路：发展观、政绩和创新意识； 组织协调：组织动员能力，处置突发事件的能力，协调各方（分工协作）情况； 依法办事：法制意识，依法办事（依法行政）水平	优秀		
		称职		
		基本称职		
		不称职		

续表

测评项目	测评内容	测评意见	**（总经理）	**（副总经理）
勤10分	精神状态：事业心、责任感，敬业精神，学习态度；工作作风：深入实际，讲求实效，联系群众	优秀		
		称职		
		基本称职		
		不称职		
绩40分	廉政职责成效：分管工作和重点工作完成情况，抓班子带队伍抓落实情况；解决复杂问题：敢于和善于解决复杂矛盾，注重解决群众关心的热点难点问题；基础建设：加强制度建设情况；履行岗位职责情况；创造性开展工作情况	优秀		
		称职		
		基本称职		
		不称职		
廉10分	廉洁自律：遵守廉政规定（履行经济责任），对配偶、子女和身边工作人员的教育与要求，接受监督；生活作风：正确行使权力、自觉接受监督情况	优秀		
		称职		
		基本称职		
		不称职		
综合评价		优秀		
		称职		
		基本称职		
		不称职		

续表

测评项目	测评内容	测评意见	**（总经理）	**（副总经理）
特殊情况说明				

说明：请本着实事求是的态度根据客观实际情况作出评价并在相应栏内画“√”；需要特别说明的情况请在相应栏内注明。

【范例 3-24】民主评议领导干部情况报告

** 公司第 ** 届第 ** 次职工代表大会民主评议领导干部情况报告

大会主席团（向大会主席团报告用）：

根据上级关于民主评议领导干部工作的有关要求，在大会主席团的领导下，在各代表团（组）认真组织和与会代表的积极参与下，本次职代会民主评议公司领导干部工作已基本结束。我受评议监督领导干部工作委员会委托，现在向主席团报告民主评议和民主测评情况，请予以审议。

一、评议意见汇总整理情况

本次职代会共向与会职工代表发出《民主评议领导干部测评表》** 张，收回 ** 张，有效票 ** 张。经汇总梳理，共收集职工代表的书面评议意见 ** 条。其中：肯定成绩 ** 条，提出建议 ** 条，提出批评建议 ** 条。在评议中代表们对公司领导一年来的工作给予了充分的肯定。代表们认为，** 年是我公司各项工作取得丰硕成果的一年……

代表们认为，在过去的一年里，公司领导班子坚持勤政务实，苦干实干……代表们对公司领导班子一年来的工作表示肯定，特别是……代表们从关心我公司改革发展的角度出发，也提出了不少好的建议和希望……

二、民主测评情况

** 名职工代表对公司 ** 名领导班子成员进行了民主测评。班子成员个人的综合评价得票情况如下：

**，有效票 ** 张，其中，“优秀” ** 票，“称职” ** 票，没有“基本称职”和“不称职”票。

**，有效票 ** 张，其中，“优秀” ** 票，“称职” ** 票，“基本称职” ** 票，没有“不称职”票（或“不称职” ** 票）。

……

各位代表，会议之后，评议监督领导干部工作委员会还要对代表们提出的意见和建议作进一步的分析、梳理，并向公司领导本人反馈。我们将认真总结、完善和改进评议工作，力争下一次职代会评议干部工作质量和效果有新的提高。

** 公司第 ** 届职代会评议监督委员会

** 年 ** 月 ** 日

各位代表（向大会报告用）：

根据上级关于民主评议领导人员工作的有关要求，按照本次职代会《民主评议公司领导人员办法》的有关规定，公司领导班子成员认真向大会进行了述职，与会代表从关心、支持我公司改革发展的美好愿望出发，积极行使民主权利，对公司领导人员的德、能、勤、绩、廉情况作出了实事求是的客观评价。我受大会主席团的委托，现在向大会报告公司领导人员民主评议和民主测评的情况。

（以下内容同上，略）

** 公司第 ** 届职代会评议监督委员会

** 年 ** 月 ** 日

六、职工代表大会选举相关人员流程

（一）职工代表大会选举权的主要内容

职代会的选举权是指职代会依法享有选举和罢免参加董

事、监事会中的职工代表，选举进入破产程序企业的债权人委员会中的职工代表，根据授权推荐或者选举企业经营管理人员的权利。这是社会主义企事业单位职工群众依法享有的一项重要民主权利，对于完善现代企业制度的法人治理结构，在改革中保障职工的民主权利与合法权益，加强对企业领导人的监督与调动职工的积极性，贯彻落实党的全心全意依靠工人阶级的根本指导方针有着重要的意义。

职代会选举权的主要内容如下：

（1）集体企业：集体企业职代会有权选举厂长经理。

（2）全民所有制工业企业：主管机关任命或者免除企业行政领导人员时必须充分考虑职代会的意见。职代会根据主管机关的部署，可以民主推荐厂长人选，也可以民主选举厂长，报主管机关审批。

（3）公司制企业：董事会和监事会中的职工代表（职工董事、职工监事）。

（4）以上各种企业的下列人员应当由职代会民主选举产生：职代会主席团成员，职代会各专门委员会（小组）成员，法律法规规定或者企事业单位与工会协商确定应当由职代会民主选举产生的其他人员。

（二）选举职工董事、职工监事的程序

职工代表进入董事会、监事会，必须按《公司法》规定

经民主程序由公司职工选举产生。一般程序为：

（1）公司工会根据公司章程确定的职工董事、职工监事的比例和任职条件制定出选举、产生办法。

（2）在广泛听取职工意见的基础上，由公司工会提出职工董事、职工监事候选人建议名单，公司党组织审核，并报上级工会；没有党组织的公司可由上级工会组织审核。工会主席一般应作为职工董事的候选人，工会副主席一般应作为职工监事的候选人。

（3）召开职代会，采取无记名投票方式选举。候选人获全体职工代表半数以上同意，方可当选。

（4）职工董事、职工监事产生后，应予以公示，并报上级工会、有关部门和机构备案。

（5）职工董事、职工监事任期届满，或因故需更换时，按上述程序办理。

（6）国有独资公司的职工董事，由公司党委征得国资委同意后，按上述程序选举产生，选举结果报国资委备案，由公司聘任。

【范例 3-25】职工董事、职工监事候选人名单

根据《企业民主管理规定》，结合公司实际，现提出 ** 公司职工董事、职工监事候选人建议名单各 1 人，提请各代表团酝酿讨论后，在公司第 ** 届第 ** 次职代会正式会议上

审议通过（附候选人简介，以姓氏笔画为序）。

一、职工董事

姓名	单位职务	政治面貌	出生年月	性别	民族	文化程度
**	**	**	**	**	**	**

二、职工监事

姓名	单位职务	政治面貌	出生年月	性别	民族	文化程度
**	**	**	**	**	**	**

第四章

职工代表大会会后工作

CHAPTER 4

职代会的会后工作做得如何，体现着职代会的成果与日常民主管理水平。

一、职工代表大会会后工作

（一）职代会文件资料的归档和上报

在大数据时代，要充分认识到文件资料的重要性。职代会的有关文件资料是企事业单位职工参与企业管理、行使职工民主管理权利的历史记录。在会议闭幕后，应及时将文件资料整理归档，建立一套系统完整的档案，这样每次大会的来龙去脉有据可查，也为以后的工作提供借鉴，同时也便于档案管理和有关部门使用。

职代会文件资料归档的范围主要有：

（1）涉及职代会工作的文件。

（2）职代会组成人员名单，如职工代表及其正副代表团（组）长名册、专门委员会（小组）成员及其负责人名单等。

（3）大会资料，如大会主席团名单、出席会议的代表情况统计、大会的决议和决定、大会选举和表决的原始资料、大会分组讨论记录本、联席会议记录本、群众来信来电来访的各种处理记录等。

（4）提案资料，包括提案征集表、提案处理情况记录、提案落实（反馈）表等；评议、监督资料，如民主评议干部的方案、总结，职工对干部评议的原始记录、意见表、测评表，整理后的评议意见等。

（5）有关民主管理专题活动的检查记录和报告等。

（6）制度类，如企业民主管理的各种制度、规定、标准程序和方案等。

（7）报告、总结材料，如各类调查记录、报告、经验总结和工作报告等。

（8）培训资料，培训职工代表的资料、讲义、教材和培训总结等。

职代会文件资料归档的要求主要有：一是要将会议文件材料按照职代会的规律、特点和内容，进行整理归类。二是要做好立卷归档，按工作程序将职代会材料分解立卷，立卷归档的材料要完整无缺，能够反映工作的全过程。三是要在大会结束后尽快写出大会情况报告，一式两份报送上级工会备案。

（二）集体合同的报备与履行情况检查监督

集体合同的报备工作程序主要为：职代会结束后，工会会同有关部门及时将集体合同正式文本上报劳动行政管理部门和上级工会，批准后的集体合同及时告知全体职工。

集体合同履行情况检查监督的主要程序为：

（1）职代会会后依据集体合同和有关规定，明确集体合同条款落实的责任分工与进度要求；

（2）提出检查方案（重点内容、参加人员、时间进度、结果反馈等），报有关领导审核批准后组织实施，总结汇总检查情况，形成报告；

（3）召开职代会联席会议，汇报检查情况，协调解决有关问题；

（4）检查的有关情况向职代会报告。

（三）落实职代会的各项决议

职代会决议落实工作主要包括宣传贯彻和检查监督等方面，内容如图12所示。

首先，做好贯彻职代会决议的宣传组织工作，主要包括：

（1）工会组织好职工代表向所在单位的职工汇报，宣传职代会通过的各种决定和议案，对职工不理解、不清楚的问题进行必要的解释工作。

（2）收集广大职工对职代会通过的各种议案和决定的意见建议，向所在职工代表团（组）反映。

（3）工会和职工代表组织和带动广大职工认真贯彻职代

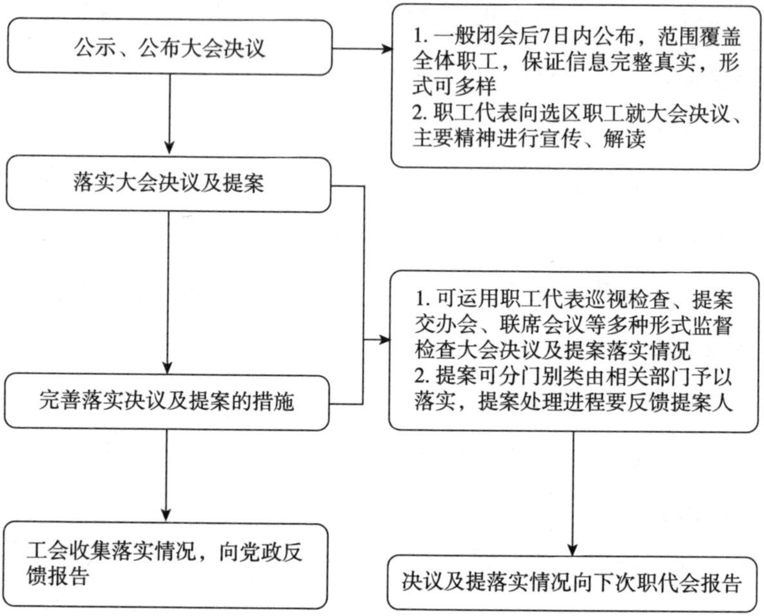

图 12　职代会决议落实（监督检查）工作内容

会的决议和决定。

其次，做好对贯彻职代会决议的检查督促工作，主要包括：

（1）会后检查。一般在每次职代会闭会后 2 个月左右，由工会组织职工代表团（组）长和有关职工代表组成巡视检查组，进行检查。

（2）专题检查。对职代会决议中的重点、难点或职工普遍关注的热点问题组织专题检查。

（3）总结检查。在下一次职代会开会前 1 个月左右进行，对上一次职代会闭会以来决议和提案的落实情况作出切合实际的评价。表彰执行决议好的部门和个人，批评和质询工作不力的部门和个人，并做好向下次职代会报告的准备。

（四）职代会质量评估工作

职代会质量评估的工作内容与要求为：每年组织开展对本企业上一年度职代会运行质量的评估工作。评估内容可以分为职权履行、程序规范、决议执行、制度落实、组织领导等方面。评估采取职工代表座谈会、职工代表访谈、民主测评等方式。要对评估的情况进行综合分析，研究提出改进意见，并在职代会上报告测评结果以及实施整改的情况。

（五）闭会期间的其他日常民主管理工作

职代会闭会期间的工作，即围绕贯彻落实大会决议而开展的日常民主管理活动，它是职代会活动的继续和深入，是职工行使民主权利、落实职代会各项决议的重要渠道，也是企事业单位工会和职工代表在大会闭会期间进一步发挥作用的宽广领域。其主要内容有：

（1）根据职代会通过的年度生产经营管理目标，组织带动职工做好工作，围绕企业生产经营管理的热点、难点，开展好劳动竞赛、合理化建议和技术攻关等活动，推动企业发展。

（2）做好职工代表巡视检查活动，积极发现问题，提出解决问题的建议，并反馈给有关部门。

（3）职代会专门委员会（小组）组织开展好民主质询、民主对话和民主恳谈会等活动。

（4）加强对职代会决议贯彻落实情况的检查督促工作，夯实分厂、车间、班组的民主管理基础，把职代会决议落到实处。

（5）开好职代会联席会议，协商处理职代会闭会期间临时需要解决的重要问题。

（6）依法建立职工董事、职工监事制度的企业，还要注重健全完善相关工作制度，为职工董事、职工监事参与决策、发挥作用创造良好环境。

（7）加强职工代表的培训、述职、评议、表彰激励等工作。通过开展培训提高职工代表的综合素质，提升其民主管理能力；通过开展职工代表述职、评议、表彰激励等工作，提高职工代表的责任意识、大局意识、履职能力和参与民主管理工作的积极性。

职代会闭会期间的工作具有分散、小型、多样和经常的特点，做好职代会闭会期间的工作就要采取各种方式，广泛联系职工，收集并反映职工的意见建议，充分发挥工会、职工代表团（组）、专门委员会（小组）及联席会议的作用，有效运用职代会的各种制度、机制，把日常民主管理工作落到实处。

二、职工代表大会联席会议流程

职代会代表团（组）长和专门委员会（小组）负责人联席会议（以下简称职代会联席会议），是在职代会闭会期间，需要临时解决属于职代会职权范围内的某些重要问题，由工会委员会召集，职工代表团（组）长和专门委员会（小组）负责人参加的会议，是职代会制度的重要组成部分。

职代会联席会议流程如图 13 所示。

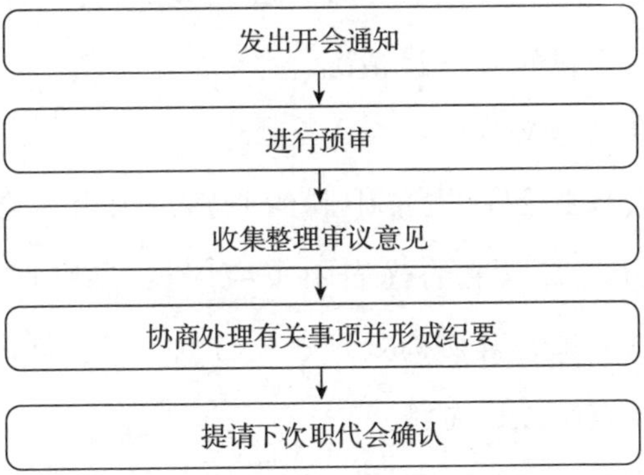

图 13　职代会联席会议流程

1. 发出开会通知

职代会闭会期间，企事业单位临时发生了涉及职代会职权需协商处理的重要问题，党政工领导研究沟通后确定会议时间、地点、议程及参会人员范围，发出召开职代会联席会议的通知。

2. 预审

准备提请联席会议协商处理事项的文本（草案），一般应该提前7个工作日发至各代表团（组）、专门委员会（小组）、职工代表和有关部门参会人员进行预审，以便与会人员进行思考和必要的调研，广泛征求听取职工的意见。发送方式可以通过电子邮件、局域网进行，也可发送纸质文件。

3. 收集整理审议意见

工会应该及时收集会议成员对有关事项审议的意见，进行必要的整理，反馈给有关领导和相关部门，以便有关部门修订完善，也供领导掌握情况。

4. 召开联席会议

联席会议按照民主集中制的原则，须由工会委员会召集，有三分之二以上的代表团（组）长、专门委员会（小组）负责人参加，其协商处理意见方为有效。联席会议由基层工会主席或副主席主持。

5. 联席会议审议并形成纪要

召开会议时，由提出议案的负责人介绍议案制定的依据、主要内容、目的和要求，然后进行认真讨论，在协商一致的基础上形成纪要。

6. 提请下次职代会确认

联席会议审议的事项需要提请下次职代会确认。若职代会闭会期间召开了多次联席会议，应该将几次会议的纪要进行归纳，形成综合的《关于第 ** 届第 ** 次职代会闭会期间联席会议协商处理重要问题的报告》，提请下次职代会审议确认。

需要特别注意的是，联席会议可以就议定的事项作出纪要，但不能作出决议。因为联席会议只是在职代会闭会期间就涉及职代会职权的事项进行协商处理，所议定的事项要向职代会报告，请大会予以确认。既然要由职代会确认，就存在职代会不认可的可能性，职代会有可能推翻联席会议的意见。若联席会议就议定的事项形成了决议，既有违法理，也会犯逻辑错误。

在现实中，一些地方出现了职代会联席会议越权的问题。因为联席会议人数少，中层领导和管理人员多，有些代表碍于情面不愿意发表意见，联席会议审议事项比职代会审议更容易通过，就将应提交职代会审议的事项提交联席会议审议，回避职代会或者故意绕开职代会。针对这些问题，不少单位进行了积极的探索和创新，如有的单位制定了职代会联席会议议事规则，有的单位规定涉及职代会职权的重要问题，如关于工资调整、奖金分配等职工收入的问题，涉及职工利益的重要规章制度等，必须经职代会审议，而不能提交联席会议。这些都是探索完善联席会议制度的积极尝试。

【范例 4-1】职代会召开情况报告表

** 公司第 ** 届第 ** 次职工代表大会召开情况报告表

单位名称：______**______（加盖公章）

工会主席：______**______

联系电话：______**______

填报时间：______**______

<table>
<tr><td colspan="5">应到职工代表　人，实到　人，占　　%</td></tr>
<tr><td colspan="5">征集提案　　　件，同意立案　　　件</td></tr>
<tr><td rowspan="4">其中</td><td colspan="4">生产经营管理方面　　　件，占立案总数　　%</td></tr>
<tr><td colspan="4">深化企业改革方面　　　件，占立案总数　　%</td></tr>
<tr><td colspan="4">精神文明建设方面　　　件，占立案总数　　%</td></tr>
<tr><td colspan="4">工资奖金福利方面　　　件，占立案总数　　%</td></tr>
<tr><td rowspan="2">参与重大决策的内容、表决方式及结果</td><td>履行审议建议权</td><td colspan="3"></td></tr>
<tr><td>履行审议通过权</td><td colspan="3"></td></tr>
<tr><td rowspan="4">民主评议干部</td><td colspan="4">评议形式：</td></tr>
<tr><td colspan="4">被评人数　　　名（厂级　名，中层　名）</td></tr>
<tr><td colspan="4">参评人数　　名（其中职工代表　名，占代表总数　%）</td></tr>
<tr><td colspan="4">评议结果：</td></tr>
<tr><td>职代会修改完善企业决策的简要说明</td><td colspan="4"></td></tr>
<tr><td>集体合同签订及检查情况的报告</td><td colspan="4"></td></tr>
<tr><td rowspan="3">企业招待费用报告情况</td><td>报告形式</td><td></td><td>报告人</td><td></td></tr>
<tr><td>提取业务招待费总额</td><td></td><td>支出业务招待费</td><td></td></tr>
<tr><td>业务招待费余额</td><td></td><td>支出与上年同期比较</td><td></td></tr>
<tr><td>职工董事、职工监事报告情况</td><td colspan="4"></td></tr>
</table>

续表

职工代表对本次职代会最满意和不满意的内容			
基层工会盖章		上级工会意见	年　月　日

【范例 4-2】职代会质量评估表

** 公司第 ** 届第 ** 次职工代表大会质量评估表

项目分值	分项	评估标准	具体评价		
			自评分	考核分	备注
组织领导（18 分）	1	企业党政工组织依据《企业民主管理规定》，坚持把以职代会为基本形式的职工民主管理工作纳入重要议事日程。（2 分）			
	2	①党组织加强对职代会工作的领导，制度完善。（2 分） ②定期研究工会和职代会民主管理工作，记录齐全。（2 分）			
	3	行政支持职代会和工会工作，并为其开展活动创造条件，保证职代会各项职权的行使。（2 分）			

续表

项目分值	分项	评估标准	具体评价		
			自评分	考核分	备注
组织领导（18分）	4	①工会作为职代会工作机构，组织设置完善。（2分） ②按规定配备有专职或兼职工作人员。（2分）			
	5	①统筹部署职代会召开期间各项工作，工作计划周密完善。（2分） ②企业职代会民主管理工作档案资料完备。（2分）			
	6	职代会各专门委员会、各级民主管理组织健全完善。（2分）			
制度保障（18分）	7	职代会实施细则（办法）、职工代表管理办法、联席会议、各专门委员会等工作制度健全。（4分）			
	8	职代会常态运行，每年至少召开一次。（2分）			
	9	切实把依靠职工办企业的方针落到实处，行政每年向职代会报告工作。（4分）			
	10	按期完成换届工作。（3分）			
	11	①每年开展职代会质量评估。（2分） ②评估结果和整改措施落实情况及时向企业党政联席会、上级工会报告并向职代会通报。（3分）			

续表

项目分值	分项	评估标准	具体评价		
			自评分	考核分	备注
运行规范（19分）	12	①职代会主题明确，会前发出通知。（2分） ②按规定广泛征集职工代表提案。（2分）			
	13	职工代表按照规定程序，逐级民主选举产生。选举权、被选举权和表决权得到保障。（3分）			
	14	①职工代表比例构成符合要求。（2分） ②一线职工代表不少于50%。（2分）			
	15	每年培训职工代表，培训率达95%以上。（2分）			
	16	①每年组织职工代表述职并接受群众测评。（2分） ②述职率达代表总数的90%以上。（1分）			
	17	需提交职代会审议、通过、决定的事项按规定提前一周告知职工代表，充分征求意见。（2分）			
	18	职代会召开后**日内向上级工会报送《基层单位召开职代会情况报告表》（按各地要求时间上报）。（1分）			
职权落实（20分）	19	企业年度工作、发展规划、财务预决算方案、业务招待费、教育培训经费使用情况等向职代会报告，广泛听取职工代表意见和建议。（4分）			

续表

<table>
<tr><td rowspan="2">项目分值</td><td rowspan="2">分项</td><td rowspan="2">评估标准</td><td colspan="3">具体评价</td></tr>
<tr><td>自评分</td><td>考核分</td><td>备注</td></tr>
<tr><td rowspan="3">职权落实（20分）</td><td>20</td><td>公司重大决策和涉及职工切身利益的改革方案和劳动安全卫生、劳动保护措施等事项经职代会审议通过。（5分）</td><td></td><td></td><td></td></tr>
<tr><td>21</td><td>①拓宽民主管理渠道，《企业集体合同》、《女职工特殊权益保护专项集体合同》、《企业劳动保护专项集体合同》经职代会审议通过。（2分）
②每年向职代会作平等协商集体合同履行情况报告。（2分）
③每年向职代会作厂务公开工作情况报告。（2分）</td><td></td><td></td><td></td></tr>
<tr><td>22</td><td>①在职代会上民主评议企业领导人员。（3分）
②评议结果及时公开，在 ** 日内上报。（2分）</td><td></td><td></td><td></td></tr>
<tr><td rowspan="3">作用发挥（25分）</td><td>23</td><td>紧紧围绕生产经营管理和提高经济效益确定职代会议题，采取有力措施认真落实职代会决议，促进了企业生产经营管理目标的实现。（4分）</td><td></td><td></td><td></td></tr>
<tr><td>24</td><td>①每年组织本单位职工代表（不少于总数的80%）开展职代会质量评估测评。（2分）
②群众测评满意率达80%以上。（2分）</td><td></td><td></td><td></td></tr>
<tr><td>25</td><td>①各工作机构在职代会开、闭会期间有效发挥作用。（2分）</td><td></td><td></td><td></td></tr>
</table>

续表

项目分值	分项	评估标准	具体评价		
			自评分	考核分	备注
作用发挥（25分）	25	②闭会期间，及时召开职代会联席会议，认真讨论需要临时解决的重要问题和完成职代会委托的其他工作。（3分）			
	26	①建立、完善职工代表提案征集和办理制度。（2分） ②提案办理情况向职工代表反馈，并向职代会作专项报告。（2分）			
	27	职代会表决通过的决议、方案、制度落实到位，并接受职工代表监督检查。（2分）			
	28	①建立、完善职工代表巡视制度。（2分） ②每年对企业重点工程、安全生产、集体合同履行、女职工特殊权益落实等进行检查巡视。（2分） ③职工代表巡视情况向职代会报告。（2分）			
综合评价（合计100分）					

注：本细则所列项目，当年不考核的不扣分。

【范例4-3】职工代表述职报告

**公司职工代表述职报告

（车间）或部门职工大家好：

我是公司职工代表**，我现在向大家报告本人一年来在任公司职工代表期间的工作情况，请大家审议监督。

1. 如何在职代会上审议企业的重大决策。

2. 如何向广大职工宣传职代会的精神。

3. 到职工中进行调研多少次，调研的题目和内容，调研结果的处理。

4. 到职工中征集了多少意见和建议，效果比较好的有哪几项。

5. 向公司职代会提出了几项提案，比较有代表性的提案是什么，公司职代会立案了几项，落实了几项。

6. 参加了几次职工代表巡视，发现了多少问题以及问题的处理情况。

7. 参与民主管理和民主监督的体会和下一步打算。

【范例 4-4】职工代表巡视检查制度范本

** 公司职工代表巡视检查制度

第一章　总　则

第一条　为进一步推进企业民主制度建设，充分行使职工代表参与企业民主管理、民主决策、民主监督的权利，促进企业和谐发展，依据《工会法》、《企业民主管理规定》等有关规定，结合公司实际，制定本制度。

第二章　职工代表巡视方式

第二条　职工代表在职代会闭会期间进行定期或不定期的巡视，巡视分为专项巡视和综合巡视。专项巡视主要是对涉及企业经营管理、职工生活福利、民主管理、职工合法权益维护等某一专题进行的巡视；综合巡视会同时涉及多个专题进行巡视。职工巡视活动原则上每半年至少开展1次，活动次数可根据实际工作需要增加。

第三条　职工代表巡视检查活动由工会牵头组织，各有关业务部门协办，各受检部门应积极配合。

第四条　职工代表巡视检查人员组成，坚持三方原则，即由公司职代会各专门委员会的部分成员和正式职工代表、工会、行政业务主管部门负责人组成，其中正式职工代表人数至少要占巡视组成人员总数的50%。

第五条　职工代表巡视检查的方法主要有：听、看、查、议、评。要广泛听取广大职工群众的意见和受检部门主要负责人的汇报；现场考察，查阅资料；采取座谈会、个别交谈询问或问卷调查方式加深了解；要对所听、所看、所查的情况进行认真评议，总结经验，提出问题和整改意见。

第三章　巡视检查的主要内容

第六条　生产现场部分。包括安全防护、劳动保护、文明生产、班组工作环境等。

第七条　职工生活福利部分。包括劳动报酬、工作时间、休息休假、员工生活用餐环境、职工福利费使用和送温暖情况等。

第八条 经营管理部分。包括年度经营方案落实情况、企业发展的重点难点问题的解决、各项规章制度的执行情况和劳动竞赛开展情况等。

第九条 企业文化建设部分。包括企业精神文明建设、“创争”活动开展情况、职工素质工程开展情况、职工职业道德建设和职工文化娱乐活动等。

第十条 民主管理部分。包括职代会通过事项的落实、职工代表提案落实、厂务公开工作制度执行情况、集体合同和劳动合同执行情况、生活委员会建议的落实、职工普遍关心的热点问题的落实等。

第四章 巡视检查的步骤

第十一条 调查摸底。首先对公司各项管理及各部门的工作情况进行必要的调查摸底，做到心中有数，找准目标，明确重点。在此基础上确定巡视检查的时间、内容及重点。

第十二条 制订方案。结合受检对象的实际，认真制订实施方案，在方案中要确定时间、地点、内容，并做到人员落实。

第十三条 选派代表。根据受检内容，认真挑选职工代表，把思想品德好、业务能力强、工作作风硬的代表推选出来，组成若干小组进行巡视检查。

第十四条 召开预备会。代表选出后，要召集代表和有关业务部门人员开好预备会，会上要讲清意义、巡视检查的内容及有关要求，同时通知受检部门做好安排。

第十五条 巡视检查。按计划安排，组织职工代表对受检部门进行巡视检查。

第十六条 评议阶段。职工代表对巡视检查的结果要当场进行评议、总结经验，指出问题，提出整改意见。

第十七条 意见反馈。对职工代表所提出的意见，受检部门应在规定的时间内及时整改，并将整改的措施及整改进展情况及时报工会备案，工会在15日内向职工代表进行反馈。

第十八条 总结通报。每进行完一次巡视检查活动，巡视组将巡视情况形成书面报告，向公司党委及工会汇报，并在厂务公开栏进行公布，对好的给予表扬，差的提出批评。

第五章 权利与义务

第十九条 职工代表及巡视组其他成员参加巡视活动期间，按照正常出勤享受同等待遇。

第二十条 职工代表及巡视组其他成员要认真学习党的方针、政策、法律、法规和公司有关规章制度，及时了解公司的中心工作，不断提升参与民主管理的水平，积极参加巡视活动，认真履行职工代表的职责。巡视工作中，要严格遵守廉洁自律有关规定，不得利用巡视工作的便利谋私利，对巡视工作中的重要情况和重大问题要及时请示报告。

第二十一条　各部门要积极支持和配合职工代表巡视工作，为巡视工作提供真实可靠的资料。被巡视部门要认真向巡视代表汇报本部门工作情况，回答代表提出的问题，听取代表的意见建议，努力改进工作。

第六章　附　则

第二十二条　本办法由工会委员会负责解释。

第二十三条　本办法自颁布之日起实施。

附件：** 公司职工代表巡视检查整改意见书

附件：

** 公司职工代表巡视检查整改意见书

巡视主题		巡视时间	
巡视类型		巡视部门	
巡视内容			
存在问题			
整改建议			

续表

<table>
<tr><td>建议整改落实部门</td><td></td><td>建议整改落实时间</td><td></td></tr>
<tr><td>巡视成员签字</td><td colspan="3"></td></tr>
<tr><td>责任部门整改落实措施及结果</td><td colspan="3"></td></tr>
<tr><td rowspan="4">落实情况满意度测评</td><td>满意</td><td>基本满意</td><td>不满意</td></tr>
<tr><td></td><td></td><td></td></tr>
<tr><td>不满意的原因</td><td colspan="2">进一步建议</td></tr>
<tr><td></td><td colspan="2"></td></tr>
</table>

【范例 4-5】职代会联席会议制度范本

** 公司职工代表大会联席会议制度

第一条 为保障职工民主管理权利的全面落实，健全和完善职代会制度，加快 ** 公司决策民主化的进程，切实维护职工合法权益，根据《企业民主管理规定》的有关规定，制定本办法。

第二条 ** 公司职代会联席会议是在职代会闭会期间，

为协商处理临时需要解决的重要问题，经公司工会或行政提议，由公司工会委员会召集的会议。

第三条　职代会联席会议的成员由公司职代会各代表团团长和职代会专门委员会负责人组成。可以根据会议议题，邀请公司党政领导、有关部门负责人、有业务专长的职工代表及其他有关人员参加。

第四条　联席会议职权

（一）审议职代会职权范围内临时需要解决的问题

1. 审议属于改革和生产经营中需要临时解决的重要问题，提出意见和建议。

2. 职代会闭会期间，听取、审议职代会民主评议专门委员会关于民主评议干部的情况、职工意见及评议结果，并根据评议结果提出反馈意见和奖惩、任免干部的建议。

3. 根据职代会的授权，处理职代会职权范围内的其他重要问题。

4. 行政部门和工会认为需要提交联席会议协商处理的问题。

（二）研究处理职代会日常工作中的重要问题

1. 讨论制定召开职代会的方案和大会议题的建议。

2. 根据职代会授权，处理已经职代会原则同意，但仍需进一步补充、完善的重大问题的决议和方案。

3. 研究布置职代会精神和各项决定、决议的落实方案，检查落实情况，协调处理落实过程中出现的问题和情况。

4. 听取职代会各专门委员会的汇报，检查其工作。

5. 讨论研究 ** 公司民主管理工作的有关问题。

第五条 联席会议程序

1. 公司工会委员会根据行政部门、工会、职工代表团和专门委员会等有关方面的提议，认真研究并向党组织汇报后确定议题。

2. 工会将拟审议的议题及有关资料提前递交与会人员，并征求职工代表及职工意见。

3. 工会收集对议案的意见，并对议案作进一步修改。

4. 提出议案的部门负责人报告议案的依据、内容、目的、要求等，提交会议讨论，并形成纪要。

5. 协商处理的结果及会议纪要送至行政领导，由行政领导或有关部门负责组织落实，并通过微信、门户网站等途径传达给职工代表与职工群众。

6. 联席会议在重大问题上出现意见分歧时，可暂时休会，并作会外交流、协商，待各方面意见基本一致后，再次举行会议研究解决。

第六条 联席会议的会议制度

1. 职代会联席会议可根据需要不定期召开。

2. 每次会议必须有三分之二以上的成员参加，方为有效。

3. 会议由工会委员会召集，并由工会主席主持。

4. 职代会联席会议与职代会同届，会议次数在本届内按召开先后排序。

第七条　职代会联席会议实行民主协商。联席会议的意见与行政方意见不一致时，可请党委协调解决。

会议依法行使职权的情况以及就重大问题形成的纪要或意见，须向下次职代会报告，予以确认。

第八条　本办法适用于 ** 公司职代会联席会议。

第九条　本办法经 ** 公司首届职代会讨论通过后正式施行。

第十条　本办法修改权属 ** 公司职代会，解释权属 ** 公司工会。

第五章

职工代表大会知识问答

CHAPTER 5

1. 所有企事业单位都要建立职代会制度吗?

职代会是企事业单位实行民主管理的基本形式，是职工行使民主管理权力的机构。2021 年最新修订的《工会法》第六条第三款强调:“工会依照法律规定通过职工代表大会或者其他形式，组织职工参与本单位的民主选举、民主协商、民主决策、民主管理和民主监督。”第二十条强调:“企业、事业单位、社会组织违反职工代表大会制度和其他民主管理制度，工会有权要求纠正，保障职工依法行使民主管理的权利。法律、法规规定应当提交职工大会或者职工代表大会审议、通过、决定的事项，企业、事业单位、社会组织应当依法办理。”可见企业、事业单位都要建立职代会制度，不受所有制形式和单位属性所限制。

2. 职代会是否可以提前或延期换届?

根据《企业民主管理规定》，职代会每届任期为三年至五年。具体任期由职代会根据本单位的实际情况确定。职代会因故需要提前或者延期换届的，应当由职代会或者其授权的机构决定。

3. 作为民主管理的职工大会与平时召开的职工大会有何区别?

作为民主管理的职工大会，与平时召开的职工大会是有区别的。前者是国家法定的民主管理制度，后者是进行宣传教育或布置任务的一般性会议；前者必须按照规定定期召开，后者则不一定定期召开；前者一般由工会主持召开，后者一般由党政领导人主持召开；前者具有法定的职权，后者则没有职权。总之，作为民主管理的职工大会与平时召开的职工大会，其性质、内容都是有明显区别的。

4. 新就业形态劳动者是否可以参选职工代表?

我国新就业形态劳动者作为一个新的就业群体，其劳动关系特点不同于传统劳动关系，传统的劳动法律法规对新型的就业形态缺乏适应性，很难对其进行调整，于是新就业形态劳动者在维护自身合法权益时产生了诸多障碍，这些问题已经逐渐演变为社会问题。对新就业形态劳动者权益的保护应随着我国社会经济的发展而得到加强，而能否参与民主管理、参选职工代表就是维护其民主政治权益的重要内容之一。

《企业民主管理规定》第二十三条第一款规定，与企业签订劳动合同建立劳动关系以及与企业存在事实劳动关系的职工，有选举和被选举为职工代表大会代表的权利。而新就业形态劳动者的用工特点不同，首先，用工平台虚拟化，如外卖小哥的工作性质大部分是通过手机软件接单，而非通过传统的现实存在的企业接单；其次，工作时间弹性化，如外卖骑手的工作时间已经不是传统的朝九晚五，而是根据派单时间进行工作，工作时间可长可短，可早可晚；最后，管理手段虚拟化，如平台对于外卖骑手的管理已不再是通过企业的管理者进行，而是通过平台的规则对外卖骑手进行约束。所以，新就业形态劳动者与用工平台之间很少签订正式的劳动合同，没有形成传统意义上的劳动关系。

《关于维护新就业形态劳动者劳动保障权益的指导意见》将新就业形态分为"依法与劳动者订立劳动合同的完全符合确立劳动关系情形"、"以人依托平台自主开展经营活动"以及"从事自由职业"三种情况。明确了其中确立劳动关系的劳动者，毫无疑问具有成为职工代表的合法资格。

《企业民主管理规定》第十五条指出："县级以下一定区域内或者性质相近的行业内的若干尚不具备单独建立职工代表大会制度条件的中小企业，可以通过选举代表联合建立区域（行业）职工代表大会制度，开展企业民主管理活动。工会负责组织建立区域（行业）职工代表大会制度。区域（行业）工会作为区域（行业）职工代表大会的工作机构承担日常工作。"这为新就业形态劳动者的民主管理权利的落实提供了制度设计和实践操作中的另一种可能。

2021年9月，中华全国总工会印发了《关于推进新就业形态劳动者入会工作的若干意见（试行）》，对新就业形态劳动者加入工会有几大关键性问题："怎么建"、"入到哪"、"怎么入"、"怎么管"以及经费保障、组织领导等作出规定。其中，为新就业形态劳动者建立行业工会已经成为大势所趋。只要新就业形态劳动者所属的行业工会入会人数达到一定标准，入会人员具备当选职工代表的条件，行业工会就可以通过从不同平台企业选举代表建立"行业职工代表大会制度"，开展民主管理活动。其中，行业工会可作为行业职代会的工作机构承担日常工作，上级工会可适当给予资金、政策、培训等方面的支持，通过行业工会建立的职代会代表新就业形态劳动者与商家、用工平台协商薪酬待遇、工作时间、劳动保障、民主政治权利的落实等职工合法权益，还要加强闭会期间的日常民主管理，为新就业形态劳动者提供法律援助，还可以组织新业态从业人员培训等，提高他们工作的积极性。

5. 职代会的经费来源有哪些？

根据全国总工会财务部《关于职工代表大会的费用由谁担负的通知》[工财字（1981）29号]文件精神，职代会遵照党的方针、政策和国家的法律、指令，在党委领导下行使职权，正确处理国家、企业和职工个人三者利益关系，协调企业内部矛盾，保证完成国家计划和各项任务，办好社会主义企业职代会的工作是整个企业的工作，其开支费用应由企业负担。具体开支办法，不同地区有不同表述规定。

6. 企业如果没有成立工会，是否不用建立职代会制度？

职代会是企事业单位民主管理的基本形式，不以企事业单位是否成立工会作为先决条件，即使尚未建立工会组织，也应当建立职代会制度。

7. 职代会是否可以就个别事项进行讨论？

职代会讨论的事项是就全体职工普遍关心事项和企业改革发展重大事项进行讨论，涉及个别职工或极少数群体的事项应当采取平等协商、劳资沟通、意见箱、民主座谈会等与其相适应的其他民主管理形式。

8. 企业改制需要经过职代会审议吗？

国有企业的企业改制方案必须提交职代会审议，职代会未通过的改制方案不能实施。国有企业合并、分立、改制、解散、破产实施方案中职工的裁减、分流和安置方案还应当经职代会审议通过。企业改制后，公有产权控股参股和以职工持股为主的企业仍应坚持职代会制度。改为其他产权组织形式的企业也应当实行以职代会为基本形式的民主管理制度，通过职代会协调企业的劳动关系，达到劳资双方和谐合作，共谋企业发展的目的。

9. 职代会与工代会是否可以合并召开？

职代会与工代会不可以合并召开。二者是性质不同的两项制度，依据《基层工会会员代表大会条例》要求，会员代表大会与职代会应分别召开，不得互相代替。如在同一时间段召开的，应分别设置会标、分别设定会议议程、分别行使职权、分别作出决议、分别建立档案。

10. 是否可以通过网络召开职代会？

《关于推行企业集团职工代表大会制度的意见》明确指出，职工人数众多、地域分布广的企业，在集团职代会召开形式上可探索线上和线下相结合的方式，但在涉及重要事项表决时，应集中现场开会，以保障职工真实意愿的表达。如果组织规模庞大、管理层级较多、地域分布散而广，那么，充分运用互联网信息手段，探索推进“互联网 + 民主管理”，是众多企业的不二选择。网络职代会是现场职代会的补充。企业因客观情况或遇突发性、临时性、紧急性事项无法召开现场职代会的，在满足下列条件情况下，可以召开网络职代会：

（1）企业网络职代会系统的建设开发、运行维护应当符合国家有关网络数据安全保护的相关标准与要求，确保上传的企业经营管理信息、职工代表个人信息，以及产生的各类投票信息不被篡改、不被泄露。

（2）必须按照职代会制度的各项要求，科学合理地研发网络职代会系统，确保相关程序的规范性。例如，会议方案要按规定程序报批；大会相关材料要提前 7 天通过网络系统发给职工代表审议，认真收集并处理职工代表提出的意见建议，进一步完善相关议案；在正式召开网络职代会时，要严格做好监票、计票等工作；审议结果要在规定时间内向全体职工公布。以此确保网络职代会依法规范，其所通过的各项方案草案和决议与企业现场职代会具有同等法律效力。

（3）必须确保召开网络职代会所产生的数据信息全过程客观真实记录，并在具备法定条件时可以调取查用。

11. 哪些企业集团公司需要建立集团职代会？

集团职代会指的是企业集团总部和所属基层单位按照一定比例选举产生职工代表，对涉及企业集团改革发展和职工权益有关事项履行民主程序，行使相应职权的职代会。这里所说的集团企业，主要指以投资管理为主要特征，下属单位以独立法人公司为主体，实行战略控制的公司。只要对所属基层单位有下列管理职能的，都应当建立职代会制度：

（1）对所属企业重大决策、经营管理方面拥有决定权和重要影响力的；（2）对所属企业在人力资源、劳动规章制度、薪酬福利制度等方面拥有决策和管理权的；（3）对所属企业在干部人事制度等方面拥有决策和管理权的。

12. 能以集团本部职代会代替集团职代会吗？

不能以集团本部职代会代替集团职代会。集团职代会和集团本部职代会是完全不同的参与主体和运作主体。首先，集团职代会是在整个集团系统内选举产生代表，集团本部职代会则是在集团本部范围内选举产生代表；其次，集团职代会的运作主体是集团工会，而集团本部职代会的运作主体是本部工会；最后，集团职代会审议和决定涉及整个集团公司企业管理、劳动关系等重大问题，以及职工切身利益重要事项等内容，而集团本部职代会审议和审议通过的仅限于集团本部和本部职工的相关事宜，职代会的职权内容也有很大区别。

13. 集团职代会是否可以取代所属基层单位的职代会？

集团职代会不可以取代所属基层单位的职代会。首先，按照法律法规的规定，集团公司及其具有独立法人资格的子公司都应当建立职代会制度。分公司虽然不具有独立法人资格，但同样拥有经营管理、劳动用工和薪酬分配等自主权，也应当实行民主管理，建立健全职代会制度。其次，集团公司作为母公司对所属企业进行管理，同样需要通过职代会来规范、管控所属基层企业职工民主参与、劳动关系协调、劳资矛盾调处和解决职工“三最”利益问题等行为，而所属基层单位职代会更应在集团公司职代会总体原则、规定基础上细化本单位职代会相关事宜。因此，集团公司职代会不但不可取代所属基层单位职代会，还应进一步理顺上下级职代会关系，更好地发挥多级职代会制度的作用。

14. 不具有独立法人资格的分公司需要建立职代会制度吗？

不具有独立法人资格的分公司需要建立职代会制度。一是法律法规有明确规定。《企业民主管理规定》明确要实行多级民主管理，建立分公司（厂）、分院（校）职代会制度。职工通过职代会享有的民主权利不应因企事业单位的规模大小和管理体制不同而受到限制。二是由于企业管理体制机制的变化。目前很多不具有独立法人资格的分公司在经营管理、劳动用工和薪酬福利分配等方面都具有相应的自主权，且职工人数居多。这些单位都应当实行民主管理，建立健全职代会制度，保障职工行使与所在单位管理权限相对应的民主管理权利。因此，分公司同样应当按照法律法规要求，健全完善并有效运作职代会。

15. 集团职代会和企业集团公司行政工作会议可以合并召开吗？

根据《关于推行企业集团职工代表大会制度的意见》，在条件允许的情况下，要合理规划集团职代会会期、内容，与董事会、年度工作会议等有机衔接。可见企业集团公司行政工作会议是可以和集团职代会合并召开的。其理由如下：首先，职代会属于企业管理制度范畴，其职权内容与行政工作会议的内容有很多内在联系。“两会合一”有助于企业集团公司行政在关注企业重大决策和经营管理基础上，重视和研究劳动关系问题和职工切身利益重大问题。其次，企业集团公司行政工作会议让职工代表列席旁听，有助于职工代表全面掌握企业发展中面临的机遇挑战，有助于职工代表树立大局意识和责任意识。最后，企业集团公司的领导班子和经营管理人员通过职代会听取各层级职工代表对企业集团公司发展规划、经营管理、构建和谐劳动关系、融洽企业党群干群关系等方面的意见建议，并通过职代会提案报告和合理化建议等民主管理事项，有助于企业领导班子和经营管理人员更多地了解基层职工代表对提高企业集团公司管理、优化劳动工作环境、畅通职工利益诉求渠道等意见建议，更好地促进企业集团公司及所属基层单位和谐劳动关系建设。因此，企业集团公司行政工作会议与集团职代会“两会合一”将有助于企业民主管理更好地融入企业经营管理体系。

然而，作为企业民主管理的一种法定制度，职代会本身有着严谨的组织制度、职权内容、议事规则和工作制度等，其与企业集团公司的行政工作会议在召开方式方法上还是有较大区别的。因此，“两会合一”时，企业集团公司的行政工作会议和职代会要分段召开，在召开企业集团公司行政工作会议时，普通职工代表可以列席旁听；而召开职代会时，则必须严格按照职代会的运行规则行事，参加行政工作会议的非职工代表的党政领导干部可以列席职代会，但在会上没有选举权和表决权。并且要特别注意党委会、董事会、总经理办公会、行政工作会、职代会等会议的先后顺序，这也是建立完善现代企业法人治理结构中正确处理各方关系的重要问题。涉及职代会职权范围内的事项，应当在职代会审议通过以后，再到行政工作会上进行部署落实，否则无效。

16. 企业集团公司在重大改革调整中的多级职代会民主程序应如何把握？

企业集团公司的改革调整必然会涉及整个集团系统的所属基层单位。同时，由于部分企业集团公司的改革调整需要各基层单位逐步实施，因此，企业集团公司往往会制定集团系统改革调整的总体方案，明确改革调整的整体计划、涉及的基层单位和职工人数、改革调整的方式和时间节点等，并对所属基层单位进行部署、提出要求。这种改革调整，因涉及企业集团公司层面与所属基层单位层面，需要企业集团系统各个层面上下联动，协同配合，方能平稳有序推进改革。所以，企业集团公司在重大改革调整中的多级职代会民主程序应注意把握以下几个环节：

（1）总体规范环节。即企业集团公司应当按照法律法规和政策文件的要求，拟定坚持和完善企业集团系统改革调整工作民主程序的指导意见草案，并通过企业集团公司职代会审议通过，以此作为规范企业集团公司及所属基层单位改革调整履行民主程序的总纲，指导所属基层单位遵照执行。

（2）总体要求与具体指导环节。即企业集团公司职代会要在整个改革方案中，对分步骤实施改革方案的基层单位提出履行基层单位集体协商、职代会民主程序、实行厂务公开的总体要求，明确涉及改革调整的基层单位应当按照企业集团公司确定的时间节点和法律法规要求实施改革。

（3）督促实施环节。即要求涉及改革调整的基层单位必须按照企业集团公司职代会的决议，细化本单位改革调整的具体方案，提交本单位职代会审议和表决，并履行向职工公示告知等相应的民主程序。

（4）管控监督环节。即企业集团公司要建立改革改制方案预审制度，将所属基层单位改革的总体方案、涉及职工劳动关系变更和经济补偿方案、履行职代会民主程序方案以及基层单位职代会制度建设基本情况提交上级党政工组织审核把关。其中，基层单位职代会制度基本情况主要包括职代会届期年限、职工代表人数和结构比例及资格认定、大会议程和表决方式等内容，以确保职代会在法定届期内并规范有效。对出于历史等原因致使基层单位职代会和职工代表没有按期改选等问题，要在企业集团公司工会的指导下，由改革调整企业党政组织和工会先行研究解决。此外，企业集团公司党组织和工会还应当组织相应力量，对基层单位职代会审议通过的方案的实施情况进行监督，以确保改革调整企业平稳有序，进而促进整个集团系统劳动关系的和谐稳定。

17. 确定集团职代会的代表人数和比例结构应当把握哪些原则?

企业集团公司不同于所属基层单位，确定集团职代会代表的人数，应当着重把握下列原则：

（1）适度原则。《企业民主管理规定》第八条明确规定，企业召开职代会的，职工代表人数按照不少于全体职工人数的 5% 确定，最少不少于 30 人。职工代表人数超过 100 人的，超出的代表人数可以由企业与工会协商确定。一般而言，集团公司均属于超大型企业，职工人数成千上万，因此，职工代表的人数无法按照基层单位人数的 5% 确定。因此，需要企业集团公司按照《关于推行企业集团职工代表大会制度的意见》等制度文件要求，从企业集团公司组织规模等实际情况出发，以集团系统职工总人数为基数，经过集团公司党政工三方协商，确定企业集团公司职代会的代表总人数。在确定过程中，既要保证职工代表的覆盖面和代表性，确保职代会制度的可操作性，又要考虑到职代会制度在法定的届期内有效运行的成本问题。

（2）广泛原则。由于企业集团公司的特性，使得集团系统的职工人员复杂、群体较多。集团职代会的代表应当适应集团系统的这种特性，从制度层面考虑不同群体的干部职工，尤其是最基层的一线职工，都应当选举代表参加集团职代会，这其中包括要考虑有适当比例的劳模先进、高技能领军人才、女职工、青年职工、农民工的代表。

（3）层级原则。企业集团公司由于管理层级较多，职代会的代表中应当有来自不同层面的代表，切忌造成大部分代表都集中在集团公司机关本部和二级子公司。因此，企业集团公司在确定代表人数时，还应当综合考虑分公司和三四层级的基层单位，确保集团系统每一层级和每一群体都有代表参加企业集团公司的职代会。

（4）协商原则。集团职代会代表人数和比例结构的确定，应当在集团公司有关方面调研和听取各方意见的基础上，按照相关规定，由集团公司党政工协商，最终确定本企业集团职代会代表的总人数及比例结构。按照《企业民主管理规定》、《关于推行企业集团职工代表大会制度的意见》等文件规定，企业集团公司中高层领导干部和管理人员方面，原则上不超过职工代表总数的20%，所属单位多、分布广的企业集团公司一般不超过代表总数的35%。但如果有些地方工会与厂务公开领导小组其他成员单位或劳动关系三方机制成员通过相关制度文件，已经对集团公司中层以上管理人员和领导人员比例另有规定的，也可以按照地方性的规定执行，但必须要保证一线职工代表的比例不能少于代表总人数的50%。

附录

相关法律法规及政策文件

APPENDIX

【法律法规规章】▸▸

中华人民共和国宪法（摘录）

（1982年12月4日第五届全国人民代表大会第五次会议通过……2018年3月11日第十三届全国人民代表大会第一次会议通过的《中华人民共和国宪法修正案》修正）

……

第二条　中华人民共和国的一切权力属于人民。

人民行使国家权力的机关是全国人民代表大会和地方各级人民代表大会。

人民依照法律规定，通过各种途径和形式，管理国家事务，管理经济和文化事业，管理社会事务。

……

第十六条　第二款　国有企业依照法律规定，通过职工代表大会和其他形式，实行民主管理。

第十七条　第二款　集体经济组织实行民主管理，依照法律规定选举和罢免管理人员，决定经营管理的重大问题。

……

中华人民共和国劳动法（摘录）

（1994 年 7 月 5 日第八届全国人民代表大会常务委员会第八次会议通过……根据 2018 年 12 月 29 日第十三届全国人民代表大会常务委员会第七次会议《关于修改〈中华人民共和国劳动法〉等七部法律的决定》第二次修正）

……

第八条 劳动者依照法律规定，通过职工大会、职工代表大会或者其他形式，参与民主管理或者就保护劳动者合法权益与用人单位进行平等协商。

……

第三十三条 企业职工一方与企业可以就劳动报酬、工作时间、休息休假、劳动安全卫生、保险福利等事项，签订集体合同。集体合同草案应当提交职工代表大会或者全体职工讨论通过。

……

中华人民共和国劳动合同法（摘录）

（2007年6月29日第十届全国人民代表大会常务委员会第二十八次会议通过　根据2012年12月28日第十一届全国人民代表大会常务委员会第三十次会议《关于修改〈中华人民共和国劳动合同法〉的决定》修正）

……

第四条　用人单位应当依法建立和完善劳动规章制度，保障劳动者享有劳动权利、履行劳动义务。

用人单位在制定、修改或者决定有关劳动报酬、工作时间、休息休假、劳动安全卫生、保险福利、职工培训、劳动纪律以及劳动定额管理等直接涉及劳动者切身利益的规章制度或者重大事项时，应当经职工代表大会或者全体职工讨论，提出方案和意见，与工会或者职工代表平等协商确定。

……

用人单位应当将直接涉及劳动者切身利益的规章制度和重大事项决定公示，或者告知劳动者。

……

第五十一条　企业职工一方与用人单位通过平等协商，

可以就劳动报酬、工作时间、休息休假、劳动安全卫生、保险福利等事项订立集体合同。集体合同草案应当提交职工代表大会或者全体职工讨论通过。

……

中华人民共和国公司法（摘录）

（1993 年 12 月 29 日第八届全国人民代表大会常务委员会第五次会议通过……2023 年 12 月 29 日第十四届全国人民代表大会常务委员会第七次会议第二次修订）

……

第十七条　公司职工依照《中华人民共和国工会法》组织工会，开展工会活动，维护职工合法权益。公司应当为本公司工会提供必要的活动条件。公司工会代表职工就职工的劳动报酬、工作时间、休息休假、劳动安全卫生和保险福利等事项依法与公司签订集体合同。

公司依照宪法和有关法律的规定，建立健全以职工代表大会为基本形式的民主管理制度，通过职工代表大会或者其他形式，实行民主管理。

公司研究决定改制、解散、申请破产以及经营方面的重大问题、制定重要的规章制度时，应当听取公司工会的意见，并通过职工代表大会或者其他形式听取职工的意见和建议。

……

第六十八条 有限责任公司董事会成员为三人以上，其成员中可以有公司职工代表。职工人数三百人以上的有限责任公司，除依法设监事会并有公司职工代表的外，其董事会成员中应当有公司职工代表。董事会中的职工代表由公司职工通过职工代表大会、职工大会或者其他形式民主选举产生。

……

第七十六条 有限责任公司设监事会，本法第六十九条、第八十三条另有规定的除外。

监事会成员为三人以上。监事会成员应当包括股东代表和适当比例的公司职工代表，其中职工代表的比例不得低于三分之一，具体比例由公司章程规定。监事会中的职工代表由公司职工通过职工代表大会、职工大会或者其他形式民主选举产生。

……

第一百二十条 股份有限公司设董事会，本法第一百二十八条另有规定的除外。

本法第六十七条、第六十八条第一款、第七十条、第七十一条的规定，适用于股份有限公司。

……

第一百三十条 股份有限公司设监事会，本法第一百二十一条第一款、第一百三十三条另有规定的除外。

监事会成员为三人以上。监事会成员应当包括股东代表和适当比例的公司职工代表，其中职工代表的比例不得低于三分之一，具体比例由公司章程规定。监事会中的职工代表由公司职工通过职工代表大会、职工大会或者其他形式民主选举产生。

……

第一百七十三条　国有独资公司的董事会依照本法规定行使职权。

国有独资公司的董事会成员中，应当过半数为外部董事，并应当有公司职工代表。

董事会成员由履行出资人职责的机构委派；但是，董事会成员中的职工代表由公司职工代表大会选举产生。

……

中华人民共和国工会法（摘录）

（1992年4月3日第七届全国人民代表大会第五次会议通过……根据2021年12月24日第十三届全国人民代表大会常务委员会第三十二次会议《关于修改〈中华人民共和国工会法〉的决定》第三次修正）

……

第六条 维护职工合法权益、竭诚服务职工群众是工会的基本职责。工会在维护全国人民总体利益的同时，代表和维护职工的合法权益。

工会通过平等协商和集体合同制度等，推动健全劳动关系协调机制，维护职工劳动权益，构建和谐劳动关系。

工会依照法律规定通过职工代表大会或者其他形式，组织职工参与本单位的民主选举、民主协商、民主决策、民主管理和民主监督。

……

第二十条 企业、事业单位、社会组织违反职工代表大会制度和其他民主管理制度，工会有权要求纠正，保障职工依法行使民主管理的权利。

法律、法规规定应当提交职工大会或者职工代表大会审议、通过、决定的事项，企业、事业单位、社会组织应当依法办理。

第二十一条 工会帮助、指导职工与企业、实行企业化管理的事业单位、社会组织签订劳动合同。

工会代表职工与企业、实行企业化管理的事业单位、社会组织进行平等协商，依法签订集体合同。集体合同草案应当提交职工代表大会或者全体职工讨论通过。

……

第三十六条 国有企业职工代表大会是企业实行民主管理的基本形式，是职工行使民主管理权力的机构，依照法律法规行使职权。

国有企业的工会委员会是职工代表大会的工作机构，负责职工代表大会的日常工作，检查、督促职工代表大会决议的执行。

第三十七条 集体企业的工会委员会，应当支持和组织职工参加民主管理和民主监督，维护职工选举和罢免管理人员、决定经营管理的重大问题的权力。

第三十八条 本法第三十六条、第三十七条规定以外的其他企业、事业单位的工会委员会，依照法律规定组织职工采取与企业、事业单位相适应的形式，参与企业、事业单位民主管理。

……

第四十条 公司的董事会、监事会中职工代表的产生，依照公司法有关规定执行。

……

第五十四条 违反本法规定，有下列情形之一的，由县级以上人民政府责令改正，依法处理：

（一）妨碍工会组织职工通过职工代表大会和其他形式依法行使民主权利的；

（二）非法撤销、合并工会组织的；

（三）妨碍工会参加职工因工伤亡事故以及其他侵犯职工合法权益问题的调查处理的；

（四）无正当理由拒绝进行平等协商的。

……

中华人民共和国全民所有制工业企业法
（摘录）

（1988年4月13日第七届全国人民代表大会第一次会议通过　根据2009年8月27日第十一届全国人民代表大会常务委员会第十次会议《关于修改部分法律的决定》修正）

……

第十条　企业通过职工代表大会和其他形式，实行民主管理。

第十一条　企业工会代表和维护职工利益，依法独立自主地开展工作。企业工会组织职工参加民主管理和民主监督。

……

第四十四条　厂长的产生，除国务院另有规定外，由政府主管部门根据企业的情况决定采取下列一种方式：

（一）政府主管部门委任或者招聘。

（二）企业职工代表大会选举。

政府主管部门委任或者招聘的厂长人选，须征求职工代表的意见；企业职工代表大会选举的厂长，须报政府主管部门批准。

政府主管部门委任或者招聘的厂长，由政府主管部门免职或者解聘，并须征求职工代表的意见；企业职工代表大会选举的厂长，由职工代表大会罢免，并须报政府主管部门批准。

……

第五章　职工和职工代表大会

……

第四十九条　职工有参加企业民主管理的权利，有对企业的生产和工作提出意见和建议的权利；有依法享受劳动保护、劳动保险、休息、休假的权利；有向国家机关反映真实情况，对企业领导干部提出批评和控告的权利。女职工有依照国家规定享受特殊劳动保护和劳动保险的权利。

……

第五十一条　职工代表大会是企业实行民主管理的基本形式，是职工行使民主管理权力的机构。

职工代表大会的工作机构是企业的工会委员会。企业工会委员会负责职工代表大会的日常工作。

第五十二条　职工代表大会行使下列职权：

（一）听取和审议厂长关于企业的经营方针、长远规划、年度计划、基本建设方案、重大技术改造方案、职工培训计划、留用资金分配和使用方案、承包和租赁经营责任制方案的报告，提出意见和建议。

（二）审查同意或者否决企业的工资调整方案、奖金分配方案、劳动保护措施、奖惩办法以及其他重要的规章制度。

（三）审议决定职工福利基金使用方案、职工住宅分配方案和其他有关职工生活福利的重大事项。

（四）评议、监督企业各级行政领导干部，提出奖惩和任免的建议。

（五）根据政府主管部门的决定选举厂长，报政府主管部门批准。

第五十三条　车间通过职工大会、职工代表组或者其他形式实行民主管理；工人直接参加班组的民主管理。

第五十四条　职工代表大会应当支持厂长依法行使职权，教育职工履行本法规定的义务。

……

中华人民共和国城镇集体所有制企业条例（摘录）

（1991年9月9日中华人民共和国国务院令第88号发布……根据2016年2月6日《国务院关于修改部分行政法规的决定》第二次修订）

……

第九条 集体企业依照法律规定实行民主管理。职工（代表）大会是集体企业的权力机构，由其选举和罢免企业管理人员，决定经营管理的重大问题。

集体企业实行厂长（经理）负责制。

集体企业职工的民主管理权和厂长（经理）依法行使职权，均受法律保护。

……

第十一条 集体企业的工会维护职工的合法权益，依法独立自主地开展工作，组织职工参加民主管理和民主监督。

……

第二十七条 集体企业必须建立、健全职工（代表）大会制度：

（一）100 人以下的集体企业，建立职工大会制度；

（二）300 人以上的集体企业建立职工代表大会制度；

（三）100 人以上 300 人以下的集体企业，建立职工大会或者职工代表大会制度，由企业自定。

职工代表大会代表由职工选举产生。代表应当是思想进步、工作积极、联系群众、有参加民主管理能力的职工。

第二十八条　集体企业的职工（代表）大会在国家法律、法规的规定范围内行使下列职权：

（一）制定、修改集体企业章程；

（二）按照国家规定选举、罢免、聘用、解聘厂长（经理）、副厂长（副经理）；

（三）审议厂长（经理）提交的各项议案，决定企业经营管理的重大问题；

（四）审议并决定企业职工工资形式、工资调整方案、奖金和分红方案、职工住宅分配方案和其他有关职工生活福利的重大事项；

（五）审议并决定企业的职工奖惩办法和其他重要规章制度；

（六）法律、法规和企业章程规定的其他职权。

第二十九条　职工（代表）大会依照企业章程规定定期召开，但每年不得少于两次。

第三十条　集体企业的职工代表大会，可以设立常设机构，负责职工代表大会闭会期间的工作。

常设机构的人员组成、产生方式、职权范围及名称，由集体企业职工代表大会规定，报上级管理机构备案。

……

第三十二条 厂长（经理）由企业职工代表大会选举或者招聘产生。选举和招聘的具体办法，由省、自治区、直辖市人民政府规定。

……

第三十四条 厂长（经理）在法律、法规的规定范围内行使下列职权：

……

（二）主持编制并向职工（代表）大会提出企业的中长期发展规划、年度生产经营计划、固定资产投资方案；

（三）主持编制并向职工（代表）大会提出企业机构设置的方案，决定劳动组织的调整方案；

……

（八）遇到特殊情况时，提出召开职工（代表）大会的建议；

……

第三十五条 厂长（经理）有下列职责：

……

（七）定期向本企业职工（代表）大会报告工作，听取意见，并接受监督；

……

企业年金办法（摘录）

（2017年12月18日人力资源和社会保障部、财部政令第36号公布　自2018年2月1日起施行）

第二章　企业年金方案的订立、变更和终止

……

第七条　建立企业年金，企业应当与职工一方通过集体协商确定，并制定企业年金方案。企业年金方案应当提交职工代表大会或者全体职工讨论通过。

……

第十一条　企业与职工一方可以根据本企业情况，按照国家政策规定，经协商一致，变更企业年金方案。变更后的企业年金方案应当经职工代表大会或者全体职工讨论通过，并重新报送人力资源社会保障行政部门。

……

全民所有制工业企业职工代表大会条例

（一九八六年九月十五日国务院、中共中央发布）

第一章　总　则

第一条　为保障全民所有制工业企业职工的民主管理权力，充分发挥职工的积极性、智慧和创造力，办好全民所有制工业企业，发展社会主义经济，特制定本条例。

第二条　企业在实行厂长负责制的同时，必须建立和健全职工代表大会（或职工大会，下同）制度和其他民主管理制度，保障与发挥工会组织和职工代表在审议企业重大决策、督行政领导、维护职工合法权益等方面的权力和作用。

第三条　职工代表大会是企业实行民主管理的基本形式，是职工行使民主管理权力的机构。

企业工会委员会是职工代表大会的工作机构，负责职工代表大会的日常工作。

第四条　职工代表大会接受企业党的基层委员会（含不设基层委员会的党总支部委员会、支部委员会，以下简称党委）的思想政治领导，贯彻执行党和国家的方针、政策，正确处理国家、企业和职工三者利益关系，在法律规定的范围内行使职权。

第五条　职工代表大会应当积极支持厂长行使经营管理决策和统一指挥生产活动的职权。

第六条　职工代表大会实行民主集中制。

第二章　职　权

第七条　职工代表大会行使下列职权：

一、定期听取厂长的工作报告，审议企业的经营方针、长远和年度计划、重大技术改造和技术引进计划、职工培训计划、财务预决算、自有资金分配和使用方案，提出意见和建议，并就上述方案的实施作出决议；

二、审议通过厂长提出的企业的经济责任制方案、工资调整计划、奖金分配方案、劳动保护措施方案、奖惩办法及其他重要的规章制度；

三、审议决定职工福利基金使用方案、职工住宅分配方案和其他有关职工生活福利的重大事项；

四、评议、监督企业各级领导干部，并提出奖惩和任免的建议。

对工作卓有成绩的干部，可以建议给予奖励，包括晋级、提职。对不称职的干部，可以建议免职或降职。

对工作不负责任或者以权谋私，造成严重后果的干部，可以建议给予处分，直至撤职。

五、主管机关任命或者免除企业行政领导人员的职务时，必须充分考虑职工代表大会的意见。职工代表大会根据主管机关的部署，可以民主推荐厂长人选，也可以民主选举厂长，报主管机关审批。

第八条 职工代表大会对厂长在其职权范围内决定的问题有不同意见时，可以向厂长提出建议，也可以报告上级工会。

第九条 在职工代表大会上，可以由厂长代表行政、工会主席代表职工签订集体合同或共同协议，为企业发展的共同目标，互相承担义务，保证贯彻执行。

第三章 职工代表

第十条 按照法律规定享有政治权利的企业职工，均可当选为职工代表。

第十一条 职工代表的产生，应当以班组或者工段为单位，由职工直接选举。大型企业的职工代表，也可以由分厂或者车间的职工代表相互推选产生。

第十二条 职工代表中应当有工人、技术人员、管理人员、领导干部和其他方面的职工。其中企业和车间、科室行政领导干部一般为职工代表总数的五分之一。青年职工和女职工应当占适当比例。

为了吸收有经验的技术人员、经营管理人员参加职工代表大会，可以在企业或者车间范围内，经过民主协商，推选一部分代表。

职工代表按分厂、车间、科室（或若干科室）组成代表团（组），推选团（组）长。

第十三条 职工代表实行常任制，每两年改选一次，可以连选连任。

职工代表对选举单位的职工负责。选举单位的职工有权监督或者撤换本单位的职工代表。

第十四条 职工代表的权利：

一、在职工代表大会上，有选举权、被选举权和表决权；

二、有权参加职工代表大会及其工作机构对企业执行职工代表大会决议和提案落实情况的检查，有权参加对企业行政领导人员的质询；

三、因参加职工代表大会组织的各项活动而占用生产或者工作时间，有权按照正常出勤享受应得的待遇。

对职工代表行使民主权力，任何组织和个人不得压制、阻挠和打击报复。

第十五条 职工代表的义务：

一、努力学习党和国家的方针、政策、法律、法规，不断提高政治觉悟、技术业务水平和参加管理的能力；

二、密切联系群众，代表职工合法利益，如实反映职工群众的意见和要求，认真执行职工代表大会的决议，做好职工代表大会交给的各项工作；

三、模范遵守国家的法律、法规和企业的规章制度、劳动纪律，做好本职工作。

第四章　组织制度

第十六条　职工代表大会选举主席团主持会议。主席团成员应有工人、技术人员、管理人员和企业的领导干部。其中工人、技术人员、管理人员应超过半数。

第十七条　参加企业管理委员会的职工代表，由职工代表大会推选产生。

参加企业管理委员会的职工代表要向职工代表大会汇报工作，接受职工代表大会监督。职工代表大会有权撤换参加管理委员会的职工代表。

第十八条　职工代表大会至少每半年召开一次。每次会议必须有三分之二以上的职工代表出席。

遇有重大事项，经厂长、企业工会或三分之一以上职工代表的提议，可召开临时会议。

职工代表大会进行选举和作出决议，必须经全体职工代表过半数通过。

第十九条　职工代表大会应当围绕增强企业活力、促进技术进步、提高经济效益，针对企业经营管理、分配制度和职工生活等方面的重要问题确定议题。

第二十条　职工代表大会在其职权范围内决定的事项，非经职工代表大会同意不得修改。

第二十一条　职工代表大会可根据需要，设立若干精干的临时的或经常性的专门小组（或专门委员会，下同），完成职工代表大会交办的有关事项。其主要工作是：审议提交职工代表大会的有关议案；在职工代表大会闭会期间，根据职工代表大会的授权，审定属本专门小组分工范围内需要临时决定的问题，并向职工代表大会报告予以确认；检查、督促有关部门贯彻执行职工代表大会决议和职工提案的处理；办理职工代表大会交办的其他事项。

专门小组进行活动需要占用生产或者工作时间，有权按照正常出勤享受应得的待遇，但需经厂长同意。各专门小组的人选，一般在职工代表中提名；也可以聘请非职工代表，但必须经职工代表大会通过。

各专门小组对职工代表大会负责。

第二十二条　职工代表大会闭会期间，需要临时解决的重要问题，由企业工会委员会召集职工代表团（组）长和专门小组负责人联席会议，协商处理，并向下一次职工代表大会报告予以确认。

联席会议可以根据会议内容邀请企业党政负责人或其他有关人员参加。

第五章　职工代表大会与工会

第二十三条　企业工会委员会作为职工代表大会的工作机构承担下列工作：

一、组织职工选举职工代表；

二、提出职工代表大会议题的建议，主持职工代表大会的筹备工作和会议的组织工作；

三、主持职工代表团（组）长、专门小组负责人联席会议；

四、组织专门小组进行调查研究，向职工代表大会提出建议，检查督促大会决议的执行情况，发动职工落实职工代表大会决议；

五、向职工进行民主管理的宣传教育，组织职工代表学习政策、业务和管理知识，提高职工代表素质；

六、接受和处理职工代表的申诉和建议，维护职工代表的合法权益；

七、组织企业民主管理的其他工作。

第二十四条　上级工会有指导、支持和维护职工代表大会正确行使职权的责任。

第六章　车间、班组的民主管理

第二十五条　车间（分厂）可以根据具体情况，采取职工大会或职工代表大会、职工代表组等形式，对本单位权限范围内的事务行使民主管理的权力。

车间（分厂）民主管理的日常工作，由车间（分厂）工会委员会主持。

第二十六条　班组的民主管理，由职工直接参加，在本班组的工会组长和职工代表的主持下开展活动，也可以根据需要推选若干民主管理员，负责班组的日常民主管理。

第七章　附　则

第二十七条　本条例原则上适用于全民所有制交通运输、邮电、地质、建筑施工、农林、水利等企业。

第二十八条　本条例由中华全国总工会负责解释。

第二十九条　本条例自一九八六年十月一日起施行。

学校教职工代表大会规定

（2011 年 12 月 8 日中华人民共和国教育部令第 32 号公布　自 2012 年 1 月 1 日起施行）

第一章　总　则

第一条　为依法保障教职工参与学校民主管理和监督，完善现代学校制度，促进学校依法治校，依据教育法、教师法、工会法等法律，制定本规定。

第二条　本规定适用于中国境内公办的幼儿园和各级各类学校（以下统称学校）。

民办学校、中外合作办学机构参照本规定执行。

第三条　学校教职工代表大会（以下简称教职工代表大会）是教职工依法参与学校民主管理和监督的基本形式。

学校应当建立和完善教职工代表大会制度。

第四条　教职工代表大会应当高举中国特色社会主义伟大旗帜，以马克思列宁主义、毛泽东思想、邓小平理论和“三个代表”重要思想为指导，深入贯彻落实科学发展观，全面贯彻执行党的基本路线和教育方针，认真参与学校民主管理和监督。

第五条　教职工代表大会和教职工代表大会代表应当遵守国家法律法规，遵守学校规章制度，正确处理国家、学校、集体和教职工的利益关系。

第六条　教职工代表大会在中国共产党学校基层组织的领导下开展工作。教职工代表大会的组织原则是民主集中制。

第二章　职　权

第七条　教职工代表大会的职权是：

（一）听取学校章程草案的制定和修订情况报告，提出修改意见和建议；

（二）听取学校发展规划、教职工队伍建设、教育教学改革、校园建设以及其他重大改革和重大问题解决方案的报告，提出意见和建议；

（三）听取学校年度工作、财务工作、工会工作报告以及其他专项工作报告，提出意见和建议；

（四）讨论通过学校提出的与教职工利益直接相关的福利、校内分配实施方案以及相应的教职工聘任、考核、奖惩办法；

（五）审议学校上一届（次）教职工代表大会提案的办理情况报告；

（六）按照有关工作规定和安排评议学校领导干部；

（七）通过多种方式对学校工作提出意见和建议，监督学校章程、规章制度和决策的落实，提出整改意见和建议；

（八）讨论法律法规规章规定的以及学校与学校工会商定的其他事项。

教职工代表大会的意见和建议，以会议决议的方式做出。

第八条 学校应当建立健全沟通机制，全面听取教职工代表大会提出的意见和建议，并合理吸收采纳；不能吸收采纳的，应当做出说明。

第三章 教职工代表大会代表

第九条 凡与学校签订聘任聘用合同、具有聘任聘用关系的教职工，均可当选为教职工代表大会代表。

教职工代表大会代表占全体教职工的比例，由地方省级教育等部门确定；地方省级教育等部门没有确定的，由学校自主确定。

第十条 教职工代表大会代表以学院、系（所、年级）、室（组）等为单位，由教职工直接选举产生。

教职工代表大会代表可以按照选举单位组成代表团（组），并推选出团（组）长。

第十一条 教职工代表大会代表以教师为主体，教师代表不得低于代表总数的60%，并应当根据学校实际，保证一定比例的青年教师和女教师代表。民族地区的学校和民族学校，少数民族代表应当占有一定比例。

教职工代表大会代表接受选举单位教职工的监督。

第十二条　教职工代表大会代表实行任期制，任期3年或5年，可以连选连任。

选举、更换和撤换教职工代表大会代表的程序，由学校根据相关规定，并结合本校实际予以明确规定。

第十三条　教职工代表大会代表享有以下权利：

（一）在教职工代表大会上享有选举权、被选举权和表决权；

（二）在教职工代表大会上充分发表意见和建议；

（三）提出提案并对提案办理情况进行询问和监督；

（四）就学校工作向学校领导和学校有关机构反映教职工的意见和要求；

（五）因履行职责受到压制、阻挠或者打击报复时，向有关部门提出申诉和控告。

第十四条　教职工代表大会代表应当履行以下义务：

（一）努力学习并认真执行党的路线方针政策、国家的法律法规、党和国家关于教育改革发展的方针政策，不断提高思想政治素质和参与民主管理的能力；

（二）积极参加教职工代表大会的活动，认真宣传、贯彻教职工代表大会决议，完成教职工代表大会交给的任务；

（三）办事公正，为人正派，密切联系教职工群众，如实反映群众的意见和要求；

（四）及时向本部门教职工通报参加教职工代表大会活动和履行职责的情况，接受评议监督；

（五）自觉遵守学校的规章制度和职业道德，提高业务水平，做好本职工作。

第四章　组织规则

第十五条　有教职工 80 人以上的学校，应当建立教职工代表大会制度；不足 80 人的学校，建立由全体教职工直接参加的教职工大会制度。

学校根据实际情况，可在其内部单位建立教职工代表大会制度或者教职工大会制度，在该范围内行使相应的职权。

教职工大会制度的性质、领导关系、组织制度、运行规则等，与教职工代表大会制度相同。

第十六条　学校应当遵守教职工代表大会的组织规则，定期召开教职工代表大会，支持教职工代表大会的活动。

第十七条　教职工代表大会每学年至少召开一次。

遇有重大事项，经学校、学校工会或 1/3 以上教职工代表大会代表提议，可以临时召开教职工代表大会。

第十八条　教职工代表大会每 3 年或 5 年为一届。期满应当进行换届选举。

第十九条　教职工代表大会须有2/3以上教职工代表大会代表出席。

教职工代表大会根据需要可以邀请离退休教职工等非教职工代表大会代表，作为特邀或列席代表参加会议。特邀或列席代表在教职工代表大会上不具有选举权、被选举权和表决权。

第二十条　教职工代表大会的议题，应当根据学校的中心工作、教职工的普遍要求，由学校工会提交学校研究确定，并提请教职工代表大会表决通过。

第二十一条　教职工代表大会的选举和表决，须经教职工代表大会代表总数半数以上通过方为有效。

第二十二条　教职工代表大会在教职工代表大会代表中推选人员，组成主席团主持会议。

主席团应当由学校各方面人员组成，其中包括学校、学校工会主要领导，教师代表应占多数。

第二十三条　教职工代表大会可根据实际情况和需要设立若干专门委员会（工作小组），完成教职工代表大会交办的有关任务。专门委员会（工作小组）对教职工代表大会负责。

第二十四条　教职工代表大会根据实际情况和需要，可以在教职工代表大会代表中选举产生执行委员会。执行委员会中，教师代表应占多数。

教职工代表大会闭会期间，遇有急需解决的重要问题，可由执行委员会联系有关专门委员会（工作小组）与学校有关机构协商处理。其结果向下一次教职工代表大会报告。

第五章　工作机构

第二十五条　学校工会为教职工代表大会的工作机构。

第二十六条　学校工会承担以下与教职工代表大会相关的工作职责：

（一）做好教职工代表大会的筹备工作和会务工作，组织选举教职工代表大会代表，征集和整理提案，提出会议议题、方案和主席团建议人选；

（二）教职工代表大会闭会期间，组织传达贯彻教职工代表大会精神，督促检查教职工代表大会决议的落实，组织各代表团（组）及专门委员会（工作小组）的活动，主持召开教职工代表团（组）长、专门委员会（工作小组）负责人联席会议；

（三）组织教职工代表大会代表的培训，接受和处理教职工代表大会代表的建议和申诉；

（四）就学校民主管理工作向学校党组织汇报，与学校沟通；

（五）完成教职工代表大会委托的其他任务。

选举产生执行委员会的学校，其执行委员会根据教职工代表大会的授权，可承担前款有关职责。

第二十七条　学校应当为学校工会承担教职工代表大会工作机构的职责提供必要的工作条件和经费保障。

第六章　附　则

第二十八条　学校可以在其下属单位建立教职工代表大会制度，在该单位范围内实行民主管理和监督。

第二十九条　省、自治区、直辖市人民政府教育行政部门，可以与本地区有关组织联合制定本行政区域内学校教职工代表大会的相关规定。

有关学校根据本规定和所在地区的相关规定，可以制定相应的教职工代表大会或者教职工大会的实施办法。

第三十条　本规定自 2012 年 1 月 1 日起施行。1985 年 1 月 28 日教育部、原中国教育工会印发的《高等学校教职工代表大会暂行条例》同时废止。

【规范性文件】▸▸

全国总工会、国家科委关于完善科研院所职工民主管理工作的若干意见（摘录）

（总工发〔1995〕22号　全国总工会、国家科委1995年11月28日印发）

……

二、建立健全科研院所职工民主管理制度

3. 科研院所在实行院（所）长负责制以及其他领导体制的同时，必须建立和健全职工代表大会（或职工大会，下同）制度和其他民主管理制度。必须从制度上保障职工在参与科研院所重大决策和管理、行使民主监督、维护职工合法权益等方面的权利，以推进科技体制改革和科学技术事业的健康发展。

4. 职工代表大会是科研院所实行职工民主管理的基本形式。在深化科技体制改革进程中，要坚持和完善职工代表大会制度。职工代表大会要适应科技系统的特点，每年应至少召开一次。

科研院所工会委员会是职工代表大会的工作机构，负责职工代表大会的日常工作。

5. 职工代表大会的主要职权是：

（1）听取院（所）长的工作报告，讨论审议科研院所发展方向和科学研究、技术开发、生产经营等重大决策方案和重要改革方案，自有资金分配和使用方案，并提出意见和建议；

（2）审议通过职工工资奖金分配方案、劳动保护措施、职工奖惩办法和其他涉及职工利益的重要规章制度；

（3）审议通过集体合同草案，并对集体合同的履行情况进行监督检查；

（4）审议决定职工福利基金的使用方案和其他有关职工生活福利的重大事项；

（5）与领导干部年度考核和任期责任目标审计相结合，评议、监督科研院所各级行政领导干部，提出奖惩和任免的建议；

（6）根据主管部门的决定，参与民主推荐或选举院所各级行政领导人员；

（7）其他法律或行政法规规定的须经职工代表大会讨论、审议或决定的事项。

……

关于加强医疗卫生单位职工民主管理工作的若干意见（摘录）

（总工发〔1997〕12号　全国总工会、卫生部1997年4月30日印发）

……

二、建立健全以职工代表大会为基本形式的职工民主管理制度

3. 医疗卫生单位在实行院（站、所）长负责制的同时，必须建立健全职工代表大会（或职工大会，下同）制度和其他民主管理制度，保障职工参与本单位重大问题的决策，行使民主监督和维护职工合法权益方面的权利。

4. 职工代表大会是各医疗卫生单位实行民主管理的基本形式，是职工行使民主管理权力的机构。随着卫生事业改革的不断深入，要进一步坚持职工代表大会制度并在实践中不断完善和发展。职工代表大会每年应至少召开一次。工会是职工代表大会的工作机构，负责职工代表大会的日常工作。在职工代表大会闭会期间，要充分发挥职工代表大会团（组）长和职代会专门委员会（小组）的作用，保证日常民

主管理工作的正常进行。

5. 职工代表大会的职权是：

（1）听取院（站、所）长工作报告，讨论审议院（站、所）发展的长远规划和奋斗目标、年度工作计划和总结、财务预决算、基建投资项目和大型仪器购置、职工培训计划、业务招待费使用情况并提出意见和建议。

（2）审议通过岗位责任制、职工工资奖金分配方案、涉及职工切身利益的改革方案、劳动保护措施、职工奖惩办法及其他重要规章制度。

（3）审议决定职工住房分配方案、福利基金使用方案和其他有关职工福利的重大事项。

（4）评议监督院（站、所）领导干部。评议工作要在职工代表大会上进行，每年至少进行一次，要把评议结果作为奖惩、任免领导干部的重要依据。

（5）根据主管部门决定，民主选举院（站、所）领导人员。

6. 职工代表大会代表应由基层职工民主选举产生，中层以上领导干部所占比例不超过职工代表总数的四分之一，一线医务人员代表的比例应占半数以上。职工代表大会要在规定的范围内行使职权，依法保障和维护职工合法权益。职工代表大会要宣传、动员、教育职工支持和参与改革，广泛发动职工群众，圆满完成本单位的各项工作。

……

中华全国总工会关于推行区域（行业）职工代表大会制度的意见（试行）

（总工发〔2010〕47号　2010年9月14日）

根据《劳动法》、《劳动合同法》、《工会法》等法律法规的有关规定，总结一些地方召开区域（行业）职工代表大会的做法和经验，现就推行区域（行业）职工代表大会制度提出以下意见。

一、推行区域（行业）职工代表大会制度的重要意义

当前，我国正处于经济社会发展的重要机遇期。随着工业化、城镇化进程不断加快，转变经济发展方式、调整经济结构的力度进一步加大，非公有制经济迅速发展，中小企业已经成为国民经济和社会发展的重要力量，成为吸纳劳动力、扩大和稳定就业的主渠道。适应非公有制中小企业快速发展和劳动关系的深刻变化，认真总结实践经验，大力推行区域（行业）职工代表大会制度，对于认真贯彻落实党的全心全意依靠工人阶级的指导方针，扩大职工参与民主管理的覆盖面，充分调动、发挥区域（行业）内中小企业职工投身改革发展的积极性和创造性；对于畅通职工理性合法表达利

益诉求的渠道，加强厂务公开民主管理制度建设，切实维护职工合法权益；对于促进企业健康发展，推动所在地区经济社会的协调发展等，具有十分重要的意义。各级工会要站在工会工作全局的高度，充分认识推行区域（行业）职工代表大会制度的重要性和紧迫性，采取有效措施，大力推行区域（行业）职工代表大会制度，为职工参与企业管理，构建和谐稳定的劳动关系，促进区域经济和企业的健康发展作出新的贡献。

二、推行区域（行业）职工代表大会制度的原则

区域（行业）职工代表大会，是县级以下一定区域或性质相近的行业内若干尚不具备单独建立职工代表大会制度条件的中小企业，通过民主选举代表联合召开会议，组织职工参与企业管理，行使民主管理权利，协调解决区域（行业）内劳动关系共性问题的民主管理制度。区域（行业）职工代表大会是本区域（行业）内职工参与民主管理的基本形式，也是区域（行业）实行政务公开、厂务公开的有效渠道。

推行区域（行业）职工代表大会制度，要坚持以下原则：

一是坚持党的领导。各级工会在推行区域（行业）职工代表大会制度中，要在区域（行业）党组织的领导下进行，认真贯彻落实党和政府的有关方针政策。

二是坚持实事求是。要根据所在地区经济社会发展和不同行业中小企业的实际情况，因区域、行业、企业制宜，加强区域（行业）职工代表大会制度建设。

三是坚持借鉴创新。根据区域（行业）职工代表大会所覆盖企业的性质和特点，认真借鉴企业职工代表大会制度的经验，从制度内容、形式、方法等方面进行创新，并在实践中不断完善。

四是坚持协调合作。区域（行业）工会组织与相关部门、区域（行业）内企业职工和经营管理者应依照法律法规和有关政策加强协调、密切合作，共同推进区域（行业）职工代表大会制度建设。

三、区域（行业）职工代表大会的职责

要通过建立和完善区域（行业）职工代表大会，组织职工参与企业管理，行使民主管理权利，推进政务公开、厂务公开；促进区域（行业）内企业经营管理者与职工进行有效沟通协调，推动平等协商、集体合同制度的建立与实施，维护职工民主权利和劳动经济利益，构建和谐稳定的劳动关系，促进企业改革发展和所在地区经济社会协调发展。

区域（行业）职工代表大会的主要职责：

（一）听取区域（行业）执行国家有关劳动法规政策情况报告，区域（行业）劳动关系状况报告，并提出意见和建议；

（二）讨论区域（行业）内企业有关劳动报酬、工作时间、休息休假、劳动安全卫生、保险福利、职工培训、劳动纪律以及劳动定额管理等直接涉及职工切身利益的重大问题，提出意见和建议；

（三）讨论通过区域（行业）集体合同草案和专项集体合同草案；

（四）审议监督区域（行业）内企业执行劳动法律法规和区域（行业）职工代表大会决定事项情况，签订和履行劳动合同、集体合同情况，缴纳社会保险费情况，实行厂务公开情况等；

（五）审议决定区域（行业）职工代表大会的其他事项。

四、区域（行业）职工代表大会的工作制度和组织制度

区域（行业）职工代表大会的职工代表经区域（行业）工会与有关方面协调形成推选方案后，由区域（行业）内的企业职工民主选举产生。区域（行业）职工代表大会的职工代表应当有充分的代表性，应在企业经营管理者、工人、技术人员和区域（行业）工会、企业代表组织以及管理部门中合理分配代表名额，企业工人代表人数不得少于代表总人数的50%。

区域（行业）职工代表大会届期为三年至五年，具体届期由区域（行业）职工代表大会确定。如需要提前或者延期换届的，应当由区域（行业）职工代表大会决定。区域（行业）职工代表大会的职工代表任期与区域（行业）职工代表大会届期相同。

区域（行业）职工代表大会每年至少召开一次。区域（行业）职工代表大会每次会议必须有三分之二以上的职工代表出席。

区域（行业）职工代表大会应当召开预备会议，选举产生主席团。主席团负责主持召开大会，协调处理有关事宜。

区域（行业）职工代表大会根据需要，可以设立若干专门委员会（小组），负责办理区域（行业）职工代表大会交办的事项。

区域（行业）职工代表大会进行选举和表决时，实行少数服从多数的原则，以无记名投票方式经全体职工代表过半数通过。

区域（行业）工会组织作为区域（行业）职工代表大会的工作机构，要认真负责地做好区域（行业）职工代表大会的日常工作，包括征集职工代表提案，提出区域（行业）职工代表大会议题的建议；负责区域（行业）职工代表大会的筹备工作和组织工作，提出大会的议程和日程建议；提出区域（行业）职工代表大会主席团、专门委员会（小组）的设立方案和组成人员建议名单；在区域（行业）职工代表大会闭会期间，负责组织职工代表开展巡视、检查、质询等活动，监督区域（行业）职工代表大会决议的执行情况；对职工代表进行劳动法律法规和民主管理方面知识的宣传教育，组织职工代表开展学习和培训，提高职工代表素质。

五、大力推行区域（行业）职工代表大会制度

推行区域（行业）职工代表大会制度，工作涉及面宽、政策性强。各级工会要在同级党委的领导下，加强与政府及有关部门的联系，加强与行业协会、商会等企业代表组织的协商沟通及合作，整合各方面资源，积极主动推进建立区域（行业）职工代表大会制度。尚未建立区域（行业）职工代表大会制度的地方，上级工会要在具备条件的区域或行业进行试点，认真总结实践经验，发挥典型的示范作用，用实际工作成效赢得广大职工群众的认可，争取政府及有关部门的大力支持。

要从本地区经济社会发展的实际出发，紧紧围绕维护职工合法权益、构建和谐劳动关系，推动解决工资集体协商、劳动用工、劳动标准、工作条件、社会保险、职业安全卫生等涉及职工切身利益问题，推进区域（行业）职工代表大会制度建设。要把推行区域（行业）职工代表大会制度与推进政府和工会的联席（联系）会议制度、劳动关系三方协商机制紧密结合，与推动企业依法普遍建立工会组织、依法普遍开展工资集体协商紧密结合，与建立健全厂务公开工作机制、劳动争议调处机制紧密结合，使之相互衔接、相辅相成，更好地发挥区域（行业）职工代表大会制度的作用。

要加强调查研究和理论政策研究，在不断总结工作经验

的基础上，逐步规范和完善区域（行业）职工代表大会的职责、组织制度和工作规则。要加强宣传工作和舆论引导，努力营造企业民主管理的良好社会氛围，推进区域（行业）职工代表大会制度建设深入发展。

中华全国总工会办公厅
关于规范召开企业职工代表大会的意见

（总工办发〔2011〕53号 2011年12月7日）

为规范召开企业职工代表大会（以下简称职代会），充分有效地发挥企业职代会作用，根据相关法律法规，结合企业职代会运行的实际情况，提出以下意见。

一、企业职代会每年至少召开一次。

二、企业职代会实行届期制，每三至五年为一届，到期应当及时换届。

三、企业工会是企业职代会的工作机构。未建工会的企业召开职代会，应当向上级工会组织报告，在其指导下开展相关工作。

四、企业首次召开职代会前应当成立筹备机构，由企业党组织、行政、工会等方面人员组成。筹备机构主要任务是：起草本单位职代会实施办法（细则）；组织选举职工代表；起草职代会筹备工作情况报告；研究确定本次职代会主要议题和议程；听取职工的意见和建议，等等。

五、企业应当根据法律法规的规定，结合实际，制定职代会实施办法（细则）。职代会实施办法（细则）应当提交职代会审议通过。

六、企业应当根据职工人数和生产（行政）单位设置状况确定职工代表总数、划分选区、分配名额，进行职工代表的选举。职工代表人数应当按照企业全体职工人数的一定比例确定，具体比例和人数应当按照本企业职代会实施办法（细则）确定，或由企业与工会协商确定，但最少不得低于三十人。企业职工人数在五十人以下的，应当召开职工大会。

七、职工代表中应当有工人、技术人员、管理人员、企业领导人员和其他方面的职工。其中企业领导人员一般不超过职工代表总数的五分之一。

八、各选区按照分配名额，由工会负责组织职工直接选举职工代表。

九、企业领导（高级管理）人员应当在相应的选区，参加职工代表的选举。

十、选举（撤换）职工代表，必须有选区全体职工三分之二以上参加，得到选区全体职工总数二分之一以上同意票者方可当选（撤换）。

管理层级较多的企业，参加上一级职代会的职工代表，可以在下一级职代会职工代表中选举产生，也可以由全体职工直接选举产生。

十一、职工代表人数较多的可以按选区组成代表团（组），推选团（组）长。

十二、职工代表实行常任制，任期与职代会届期相同，可以连选连任。

十三、职工代表在任期内因跨选区工作岗位变动或企业与其终止、解除劳动关系，其代表资格自行终止，缺额应当由原选举单位按照规定补选。

十四、职代会可以设列席代表和特邀代表；可以组织职工旁听。

十五、工会应当按照企业职代会实施办法（细则）制定职工代表选举方案；负责对职工代表条件、产生程序、人员构成比例等进行审核，并将职工代表名单进行公示，接受职工监督。

十六、确定召开职代会后，工会或职代会提案委员会应当通过职工代表向职工征集提案；经审查立案后提交职代会讨论。

十七、召开职代会前应当以书面形式，通知职工代表参加会议的时间、地点及主要内容。

十八、需要通过职代会讨论表决事项的相关材料，一般应当在会前不少于 7 个工作日，以书面形式送达职工代表，由职工代表团（组）长组织职工代表充分讨论和征求选区职工的意见。

十九、基层工会组织在召开职代会之前，应当向上一级工会报告会议筹备情况，上一级工会应当予以指导。

二十、正式召开职代会前可以召开预备会议。预备会议由本企业工会主持，全体职工代表参加。

二十一、职代会预备会议的主要程序是：

（一）选举大会主席团；

（二）听取关于本届（次）职代会筹备情况的报告；

（三）审议通过关于职工代表资格审查情况的报告；

（四）通过大会议程；

（五）决定大会其它有关事项。

二十二、召开职代会正式会议必须有全体职工代表的三分之二以上到会。

会议主持人必须向大会报告职工代表出席情况、职代会提案征集处理情况和上次职代会提案的落实情况。

二十三、职代会应当以职工代表团（组）为单位讨论相关事宜。大会主席团成员分别参加本代表团（组）的讨论。

二十四、职代会选举及表决通过决议、重要事项，应当以无记名投票方式进行，得到全体职工代表二分之一以上同意票方为当选（有效）。

二十五、职代会主席团负责处理会议期间的相关事项。

二十六、职代会闭会期间遇有重大问题，可由企业行政、工会或三分之一以上的职工代表联名，提议召开职代会，并按照规范程序进行。

二十七、职代会通过的决议、重要事项和选举结果等应当形成书面文件并及时公示。

职代会应当建立专门档案。

二十八、事业单位、民办非企业单位等其它单位可参照本意见执行。

企业民主管理规定

（总工发〔2012〕12号　2012年2月13日）

第一章　总　则

第一条　为完善以职工代表大会为基本形式的企业民主管理制度，推进厂务公开，支持职工参与企业管理，维护职工合法权益，构建和谐劳动关系，促进企业持续健康发展，加强基层民主政治建设，依据宪法和相关法律制定本规定。

第二条　企业民主管理工作应当坚持党的领导，以邓小平理论和“三个代表”重要思想为指导，深入贯彻落实科学发展观，坚定不移地贯彻落实党的全心全意依靠工人阶级的根本指导方针。

企业党组织应当加强对民主管理工作的领导和支持。

第三条　职工代表大会（或职工大会，下同）是职工行使民主管理权力的机构，是企业民主管理的基本形式。

企业应当按照合法、有序、公开、公正的原则，建立以职工代表大会为基本形式的民主管理制度，实行厂务公开，推行民主管理。公司制企业（以下简称公司）应当依法建立职工董事、职工监事制度。

企业应当尊重和保障职工依法享有的知情权、参与权、表达权和监督权等民主权利，支持职工参加企业管理活动。

第四条　企业职工应当尊重和支持企业依法行使管理职权，积极参与企业管理。

第五条　企业工会应当组织职工依法开展企业民主管理，维护职工合法权益。

上级工会应当指导和帮助企业工会和职工依法开展企业民主管理活动，对企业实行民主管理的情况进行监督。

第六条　企业代表组织应当推动企业实行民主管理，促进企业健康发展。

第七条　各级党委纪检部门、组织部门，各级人民政府国有资产监督管理机构和监察机关等有关部门应当依照各自职责，对企业民主管理工作进行指导、检查和监督。

第二章　职工代表大会制度

第一节　职工代表大会组织制度和职权

第八条　企业可以根据职工人数确定召开职工代表大会或者职工大会。

企业召开职工代表大会的，职工代表人数按照不少于全体职工人数的百分之五确定，最少不少于三十人。职工代表人数超过一百人的，超出的代表人数可以由企业与工会协商确定。

第九条 职工代表大会的代表由工人、技术人员、管理人员、企业领导人员和其他方面的职工组成。其中，企业中层以上管理人员和领导人员一般不得超过职工代表总人数的百分之二十。有女职工和劳务派遣职工的企业，职工代表中应当有适当比例的女职工和劳务派遣职工代表。

第十条 职工代表大会每届任期为三年至五年。具体任期由职工代表大会根据本单位的实际情况确定。

职工代表大会因故需要提前或者延期换届的，应当由职工代表大会或者其授权的机构决定。

第十一条 职工代表大会根据需要，可以设立若干专门委员会（小组），负责办理职工代表大会交办的事项。专门委员会（小组）成员人选必须经职工代表大会审议通过。

第十二条 职工代表按照基层选举单位组成代表团（组），并推选团（组）长。可以设立职工代表大会团（组）长和专门委员会（小组）负责人联席会议，根据职工代表大会授权，在职工代表大会闭会期间负责处理临时需要解决的重要问题，并提请下一次职工代表大会确认。

联席会议由企业工会负责召集，联席会议可以根据会议内容邀请企业领导人员或其他有关人员参加。

第十三条 职工代表大会行使下列职权：

（一）听取企业主要负责人关于企业发展规划、年度生产经营管理情况，企业改革和制定重要规章制度情况，企业用工、劳动合同和集体合同签订履行情况，企业安全生产情况，企业缴纳社会保险费和住房公积金情况等报告，提出意见和建议；

审议企业制定、修改或者决定的有关劳动报酬、工作时间、休息休假、劳动安全卫生、保险福利、职工培训、劳动纪律以及劳动定额管理等直接涉及劳动者切身利益的规章制度或者重大事项方案，提出意见和建议；

（二）审议通过集体合同草案，按照国家有关规定提取的职工福利基金使用方案、住房公积金和社会保险费缴纳比例和时间的调整方案，劳动模范的推荐人选等重大事项；

（三）选举或者罢免职工董事、职工监事，选举依法进入破产程序企业的债权人会议和债权人委员会中的职工代表，根据授权推荐或者选举企业经营管理人员；

（四）审查监督企业执行劳动法律法规和劳动规章制度情况，民主评议企业领导人员，并提出奖惩建议；

（五）法律法规规定的其他职权。

第十四条 国有企业和国有控股企业职工代表大会除按第十三条规定行使职权外，行使下列职权：

（一）听取和审议企业经营管理主要负责人关于企业投资和重大技术改造、财务预决算、企业业务招待费使用等情况的报告，专业技术职称的评聘、企业公积金的使用、企业的改制等方案，并提出意见和建议；

（二）审议通过企业合并、分立、改制、解散、破产实施方案中职工的裁减、分流和安置方案；

（三）依照法律、行政法规、行政规章规定的其他职权。

第十五条 县级以下一定区域内或者性质相近的行业内的若干尚不具备单独建立职工代表大会制度条件的中小企业，可以通过选举代表联合建立区域（行业）职工代表大会制度，开展企业民主管理活动。

工会负责组织建立区域（行业）职工代表大会制度。区域（行业）工会作为区域（行业）职工代表大会的工作机构承担日常工作。

第十六条 集团企业的总部机关和各分公司、分厂、车间以及其他分支机构可以按照一定比例选举产生职工代表，召开集团企业职工代表大会，实行企业民主管理。

集团企业的总部机关和各分公司、分厂、车间以及其他分支机构，按照本规定建立职工代表大会制度，在各自的职权范围内分别开展民主管理活动。

第二节 职工代表大会工作制度

第十七条 职工代表大会每年至少召开一次。职工代表大会全体会议必须有三分之二以上的职工代表出席。

第十八条 职工代表大会议题和议案应当由企业工会听取职工意见后与企业协商确定，并在会议召开七日前以书面形式送达职工代表。

第十九条　职工代表大会可以设主席团主持会议。主席团成员由企业工会与职工代表大会各团（组）协商提出候选人名单，经职工代表大会预备会议表决通过。其中，工人、技术人员、管理人员不少于百分之五十。

第二十条　职工代表大会选举和表决相关事项，必须按照少数服从多数的原则，经全体职工代表的过半数通过。对重要事项的表决，应当采用无记名投票的方式分项表决。

第二十一条　职工代表大会在其职权范围内依法审议通过的决议和事项具有约束力，非经职工代表大会同意不得变更或撤销。

企业应当提请职工代表大会审议、通过、决定的事项，未按照法定程序审议、通过或者决定的无效。

第二十二条　企业工会委员会是职工代表大会的工作机构，负责职工代表大会的日常工作，履行下列职责：

（一）提出职工代表大会代表选举方案，组织职工选举职工代表和代表团（组）长；

（二）征集职工代表提案，提出职工代表大会议题的建议；

（三）负责职工代表大会会议的筹备和组织工作，提出职工代表大会的议程建议；

（四）提出职工代表大会主席团组成方案和组成人员建

议名单；提出专门委员会（小组）的设立方案和组成人员建议名单；

（五）向职工代表大会报告职工代表大会决议的执行情况和职工代表大会提案的办理情况、厂务公开的实行情况等；

（六）在职工代表大会闭会期间，负责组织专门委员会（小组）和职工代表就企业职工代表大会决议的执行情况和职工代表大会提案的办理情况、厂务公开的实行情况等，开展巡视、检查、质询等监督活动；

（七）受理职工代表的申诉和建议，维护职工代表的合法权益；

（八）向职工进行民主管理的宣传教育，组织职工代表开展学习和培训，提高职工代表素质；

（九）建立和管理职工代表大会工作档案。

第三节　职工代表的产生和权利义务

第二十三条　与企业签订劳动合同建立劳动关系以及与企业存在事实劳动关系的职工，有选举和被选举为职工代表大会代表的权利。

依法终止或者解除劳动关系的职工代表，其代表资格自行终止。

第二十四条　职工代表应当以班组、工段、车间、科室等为基本选举单位由职工直接选举产生。规模较大、管理层次较多的企业职工代表，可以由下一级职工代表大会代表选举产生。

第二十五条　选举、罢免职工代表，应当召开选举单位全体职工会议，会议应有三分之二以上职工参加。选举、罢免职工代表的决定，应经全体职工的过半数通过方为有效。

第二十六条　职工代表实行常任制，职工代表任期与职工代表大会届期一致，可以连选连任。

职工代表出现缺额时，原选举单位应按规定的条件和程序及时补选。

第二十七条　职工代表向选举单位的职工负责并报告工作，接受选举单位职工的监督。

第二十八条　职工代表享有下列权利：

（一）选举权、被选举权和表决权；

（二）参加职工代表大会及其工作机构组织的民主管理活动；

（三）对企业领导人员进行评议和质询；

（四）在职工代表大会闭会期间对企业执行职工代表大会决议情况进行监督、检查。

第二十九条　职工代表应当履行下列义务：

（一）遵守法律法规、企业规章制度，提高自身素质，积极参与企业民主管理；

（二）依法履行职工代表职责，听取职工对企业生产经营管理等方面的意见和建议，以及涉及职工切身利益问题的意见和要求，并客观真实地向企业反映；

（三）参加企业职工代表大会组织的各项活动，执行职工代表大会通过的决议，完成职工代表大会交办的工作；

（四）向选举单位的职工报告参加职工代表大会活动和履行职责情况，接受职工的评议和监督；

（五）保守企业的商业秘密和与知识产权相关的保密事项。

第三十条 职工代表履行职责受法律保护，任何组织和个人不得阻挠和打击报复。

职工代表在法定工作时间内依法参加职工代表大会及其组织的各项活动，企业应当正常支付劳动报酬，不得降低其工资和其他福利待遇。

第三章 厂务公开制度

第三十一条 企业应当建立和实行厂务公开制度，通过职工代表大会和其他形式，将企业生产经营管理的重大事项、涉及职工切身利益的规章制度和经营管理人员廉洁从业相关情况，按照一定程序向职工公开，听取职工意见，接受职工监督。

第三十二条 企业主要负责人是实行厂务公开的责任人。企业应当建立相应机构或者确定专人负责厂务公开工作。

第三十三条　企业实行厂务公开应当遵循合法、及时、真实、有利于职工权益维护和企业发展的原则。

实行厂务公开应当保守企业商业秘密以及与知识产权相关的保密事项。

第三十四条　企业应当向职工公开下列事项：

（一）经营管理的基本情况；

（二）招用职工及签订劳动合同的情况；

（三）集体合同文本和劳动规章制度的内容；

（四）奖励处罚职工、单方解除劳动合同的情况以及裁员的方案和结果，评选劳动模范和优秀职工的条件、名额和结果；

（五）劳动安全卫生标准、安全事故发生情况及处理结果；

（六）社会保险以及企业年金的缴费情况；

（七）职工教育经费提取、使用和职工培训计划及执行的情况；

（八）劳动争议及处理结果情况；

（九）法律法规规定的其他事项。

第三十五条　国有企业、集体企业及其控股企业除公开第十三条、第十四条和第三十四条规定的相关事项外，还应当公开下列事项：

（一）投资和生产经营管理重大决策方案等重大事项，企业中长期发展规划；

（二）年度生产经营目标及完成情况，企业担保，大额资金使用、大额资产处置情况，工程建设项目的招投标，大宗物资采购供应，产品销售和盈亏情况，承包租赁合同履行情况，内部经济责任制落实情况，重要规章制度制定等重大事项；

（三）职工提薪晋级、工资奖金收入分配情况；专业技术职称的评聘情况；

（四）中层领导人员、重要岗位人员的选聘和任用情况，企业领导人员薪酬、职务消费和兼职情况，以及出国出境费用支出等廉洁自律规定执行情况，职工代表大会民主评议企业领导人员的结果；

（五）依照国家有关规定应当公开的其他事项。

第四章　职工董事和职工监事制度

第三十六条　公司制企业应当依法建立职工董事和职工监事制度，支持职工代表大会选举产生的职工代表作为董事会、监事会成员参与公司决策、管理和监督，代表和维护职工合法权益，促进企业健康发展。

第三十七条　公司应当依法在公司章程中明确规定职工董事、职工监事的具体比例和人数。

第三十八条　职工董事、职工监事候选人由公司工会根据自荐、推荐情况，在充分听取职工意见的基础上提名，经职工代表大会全体代表的过半数通过方可当选，并报上一级工会组织备案。

工会主席、副主席应当作为职工董事、职工监事候选人人选。

第三十九条　公司高级管理人员和监事不得兼任职工董事；公司高级管理人员和董事不得兼任职工监事。

第四十条　职工董事、职工监事的任期与公司其他董事、监事的任期相同，可以连选连任。

第四十一条　职工董事、职工监事不履行职责或者有严重过错的，经三分之一以上的职工代表联名提议，职工代表大会全体代表的过半数通过可以罢免。

职工董事、职工监事出现空缺时，由公司工会依照本规定第三十八条的规定提出替补人选，提请职工代表大会民主选举产生。

第四十二条　职工董事依法行使下列权利：

（一）参加董事会会议，行使董事的发言权和表决权；

（二）就涉及职工切身利益的规章制度或者重大事项，提请召开董事会会议，反映职工的合理要求，维护职工合法权益；

（三）列席与其职责相关的公司行政办公会议和有关生

产经营工作的重要会议；

（四）要求公司工会、公司有关部门和机构通报有关情况并提供相关资料；

（五）法律法规和公司章程规定的其他权利。

第四十三条 职工监事依法行使下列权利：

（一）参加监事会会议，行使监事的发言权和表决权；

（二）就涉及职工切身利益的规章制度或者重大事项，提议召开监事会会议；

（三）监督公司的财务情况和公司董事、高级管理人员执行公司职务的行为；监督检查公司对涉及职工切身利益的法律法规、公司规章制度贯彻执行情况；劳动合同和集体合同的履行情况；

（四）列席董事会会议，并对董事会决议事项提出质询或者建议；列席与其职责相关的公司行政办公会议和有关生产经营工作的重要会议；

（五）要求公司工会、公司有关部门和机构通报有关情况并提供相关资料；

（六）法律法规和公司章程规定的其他权利。

第四十四条 职工董事、职工监事应当履行下列义务：

（一）遵守法律法规，遵守公司章程及各项规章制度，保守公司秘密，认真履行职责；

（二）定期听取职工的意见和建议，在董事会、监事会上真实、准确、全面地反映职工的意见和建议；

（三）定期向职工代表大会述职和报告工作，执行职工代表大会的有关决议，在董事会、监事会会议上，对职工代表大会作出决议的事项，应当按照职工代表大会的相关决议发表意见，行使表决权；

（四）法律法规和公司章程规定的其他义务。

第四十五条　公司应当保障职工董事、职工监事依照法律法规和公司章程开展工作，为职工董事、职工监事履行职责提供必要的工作条件。

第四十六条　职工董事、职工监事在任职期间，除法定情形外，公司不得与其解除劳动合同。

第四十七条　职工董事、职工监事与公司的其他董事、监事享有同等的权利，承担相应的义务。

第五章　附　则

第四十八条　各地区、各有关部门和各企业根据本规定制定实施办法，推进企业民主管理工作。

第四十九条　集体企业依照《城镇集体所有制企业条例》等有关法律法规规定实行民主管理。

第五十条　本规定自发布之日起施行。

中华全国总工会关于推行企业集团职工代表大会制度的意见

（总工办发〔2020〕27号　2022年12月28日）

为深入学习贯彻习近平新时代中国特色社会主义思想，全面贯彻落实党的十九大和十九届二中、三中、四中、五中全会精神，进一步健全以职工代表大会（以下简称职代会）为基本形式的企业民主管理制度，充分发挥企业集团职工代表大会（以下简称集团职代会）在公司法人治理结构中的作用，依据《中华人民共和国公司法》、《企业民主管理规定》等，现就推行集团职代会制度提出如下意见。

本意见所指集团职代会是指企业集团总部和所属基层单位按照一定比例选举产生职工代表，对涉及企业集团改革发展和职工权益有关事项履行民主程序、行使相应职权的职代会。

一、推行集团职代会制度的重要意义

（一）推行集团职代会制度是新形势下健全充满活力的基层群众自治制度的必然要求。党的十九届四中全会通过的《中共中央关于坚持和完善中国特色社会主义制度、推进国家治理体系和治理能力现代化若干重大问题的决定》明确要求，健全充满活力的基层群众自治制度，全心全意依靠工人阶级，健全以职工代表大会为基本形式的企业民主管理制度。当前，我国企业规模日益壮大，企业产权结构、管控模式、管理层级发生了深刻变化，出现了许多大型企业集团，这对推进企业民主管理提出了新要求。推行集团职代会制度，有利于完善企业集团职工参与管理的有效方式，保证职工在整个企业集团层面参与管理，把制度优势转化为企业集团职工参与经济社会事务管理的实际效能，使人民当家作主权利落到实处。

（二）推行集团职代会制度是加快完善中国特色现代企业制度的内在需要。职代会制度是中国特色现代企业制度的题中应有之义，是公司法人治理结构的主体之一。随着国企改革三年行动方案加快实施，混合所有制改革积极稳妥推进，将进一步推动形成更加成熟更加定型的中国特色现代企业制度。与以往国有企业“脱困式的改革”明显不同，本轮国有企业改革更加侧重战略重组和产业结构重新布局，改革路径自上而下，涉及到企业集团和基层单位多个层面，对不同层面的企业民主管理制度有序运行带来了新挑战。推行集团职代会制度，有利于更好地将民主管理制度与企业管理制度相衔接，与企业管控模式相匹配，与公司法人治理结构相融合，促进企业集团决策更加科学民主，推动企业管理与改革创新良性互动，实现企业高质量发展。

（三）推行集团职代会制度是企业集团构建和谐劳动关系的有效途径。我国正在加快构建以国内大循环为主体、国内国际双循环相互促进的新发展格局，企业劳动关系和谐稳定是构建新发展格局的重要基础。受新冠肺炎疫情的冲击，众多企业生产经营困难增多、职工权益保障面临诸多新情况新问题。企业集团用工方式多元，职工人数众多，劳动关系更为复杂，受到的影响更大。推行集团职代会制度能够有效规范企业集团及所属基层单位劳动关系，为企业集团制定涉及全体职工切身利益的重大事项和重要制度提供程序保障，为所属基层单位民主管理制度的运行提供指导遵循，及时回应和解决职工利益诉求，化解劳动关系双方的矛盾，促进经济社会平稳发展。

二、推行集团职代会制度的基本原则

——坚持加强党的领导。要坚持以习近平新时代中国特色社会主义思想为指导，认真贯彻落实党的基本理论、基本路线、基本方略，坚持党委统一领导，坚持重大问题事前请示，坚持全心全意依靠职工办企业，在党组织的统筹协调下推进企业集团和所属基层单位职代会制度建设，确保集团职代会制度建设沿着正确的方向发展。

——坚持依法有序推进。要依照相关法律法规，推动对所属基层单位在重大决策、经营管理、干部任免、薪酬福利、人力资源等方面拥有管控权限的企业集团建立职代会制度，保证职工通过企业集团和所属基层单位等多层级职代会行使民主管理权力。不能以企业集团总部职代会替代集团职代会。在此基础上积极推进制度化规范化建设，使集团职代会制度更加健全、运行程序更加规范、作用发挥更加有效。

——坚持融入公司治理。要推动企业集团在制定公司章程时，落实职代会在公司治理结构中的地位，明确其主体权责，并与其他公司治理主体有效衔接。要以集团职代会为牵引，建立与企业管控模式相适应、上下配套、层次清晰、各司其职、独立运行的企业集团内部多层级职代会制度体系，把民主管理制度融入到企业生产经营管理活动之中，推动加快完善中国特色现代企业制度。

——坚持协同联动推进。集团职代会的内容要更加侧重涉及企业集团改革发展的全局性、根本性、指导性的重大事项，以及涉及职工切身利益带有普遍性、倾向性的重大问题。所属基层单位要在遵循集团职代会基本原则基础上，从本单位实际出发，细化和完善本单位职代会制度。要准确把握和处理上下级职代会之间的关系，充分发挥企业集团内各层级职代会的职能作用。

三、推行集团职代会制度的工作要求

（一）集团职代会职工代表构成比例和产生方式。集团职代会职工代表的名额数量应以企业集团职工人数为基数，依据《企业民主管理规定》第八条有关规定确定。其中，集团中层以上管理人员和领导人员，原则上不超过职工代表总数的 20%，所属单位多、分布广的集团中层以上管理人员和领导人员一般不超过代表总数的 35%。职工代表中应有适当比例的劳模先进、高技能领军人才、女职工、青年职工、农民工的代表。

参加集团职代会的职工代表可以在企业集团总部和各所属基层单位职代会的职工代表中选举产生，也可以在企业集团全体职工中直接选举产生。

（二）集团职代会的届期和会议召开。集团职代会每届届期为三年至五年，具体届期由职代会根据实际情况确定，每年应至少召开一次。在条件允许的情况下，要合理规划职代会会期、内容，与董事会、年度工作会议等有机衔接。职工人数众多、地域分布广的企业，在集团职代会召开形式上可探索线上和线下相结合的方式，但在涉及重要事项表决时，应集中现场开会，以保障职工真实意愿的表达。

（三）集团职代会闭会期间的工作制度。企业集团工会是集团职代会的工作机构，负责集团职代会的日常工作。闭会期间，遇有确需经集团职代会审议或审议通过的重大事项，按规定召开临时集团职代会；有需要临时解决涉及职工切身利益的重要问题可由企业集团工会组织召集职工代表团（组）长和专门委员会（小组）负责人联席会议协商处理。

联席会议必须有各代表团（组）长参加；协商讨论解决属于集团职代会职权范围内的事项必须由集团职代会授权，并提请下一次集团职代会确认；企业集团改革改制方案必须经集团职代会审议，国有及其控股企业集团职工安置方案必须经集团职代会审议通过，不可由联席会议替代集团职代会行使职权。

四、认真履行集团职代会的职权

要根据国家相关法律法规，从企业集团决策管理权限出发，围绕企业集团发展规划、经营决策、重要规章制度、涉及职工切身利益的重大问题，确定集团职代会的各项职权内容。

（一）审议建议权。集团职代会应听取企业集团工作报告，审议企业集团经营方针、中长期发展规划、年度计划财务预决算、安全生产等重要事项的报告；审议企业集团改制方案和重大改革措施；审议企业集团员工持股方案；审议企业集团制定、修改或者决定的有关劳动报酬、工作时间、休息休假、劳动安全卫生、保险福利、职工培训、劳动纪律以及劳动定额管理等直接涉及职工切身利益的规章制度或者重大事项方案，提出意见和建议。

（二）审议通过权。集团职代会应审议企业集团民主管理制度实施办法；审议企业集团集体合同草案、专项合同草案、企业年金方案、住房制度改革方案；审议职工奖惩办法、劳动模范推荐人选等重大事项。在审议的基础上，进行投票表决，形成通过或不通过的决议。国有及其控股企业集团产权转让、合并、分立、改制、解散、破产实施方案中职工的裁减、分流和安置方案也应当经集团职代会审议通过。

（三）监督评议权。集团职代会应监督企业集团及所属基层单位建立和健全完善职代会和厂务公开等民主管理制度情况；监督企业集团职代会决议贯彻执行情况和提案落实情况；审查监督企业集团及所属基层单位执行劳动法律法规和劳动规章制度的情况；审查监督企业集团及所属基层单位履行集体合同的情况；民主评议集团职工董事、职工监事。国有及其控股企业集团应当通过集团职代会民主评议集团领导人员。

（四）民主选举权。集团职代会应依法选举或罢免企业集团职工董事、职工监事；选举集团职代会专门委员会（小组）成员；选举依法进入破产程序企业集团的债权人会议和债权人委员会中的职工代表；选举法律法规规定或者企业集团党委、行政与工会协商确定应当由集团职代会选举产生的其他人员。

（五）法律法规赋予职代会的其他权利。

在推进企业集团改革改制过程中，特别是在国有企业集团推进混合所有制改革过程中，要重点规范改革调整重大事项的集团职代会审议建议程序。涉及企业集团改革调整的重大事项，应当通过集团职代会履行审议建议权的民主程序，提出意见建议。所属基层单位在此基础上细化方案，提交本级职代会审议并履行相应的民主程序。要重点规范涉及企业集团职工切身利益重要事项的集团职代会审议通过程序。涉及企业集团职工安置等职工切身利益的重要事项，应当通过集团职代会严格履行审议通过权的民主程序，根据所属基层单位实际，提出统一要求与分类指导相结合的原则，表决通过后实施。所属基层单位按照集团职代会决议细化方案，提交本级职代会审议通过后实施。

五、扎实推进集团职代会制度建设

（一）加强组织领导。各级工会要提高思想认识、主动担当作为，突出问题导向，把推行集团职代会制度摆上重要位置，善于借助厂务公开协调领导机构、劳动关系三方协调机制等平台，营造协同推进的良好氛围，积极稳妥地推动集团职代会制度建立健全。

（二）强化分类指导。各级工会要紧密结合实际，根据不同企业集团在产权结构、管控模式、组织规模方面的差异，推动符合建制条件但尚未建立职代会的企业集团抓紧建立集团职代会制度，认真落实职代会职权；推动已经建立职代会的企业集团继续完善制度、理顺关系、规范运行、彰显效能。

（三）统筹谋划落实。各级工会要加强制度设计，按照本意见要求，结合自身实际，制定完善配套政策或实施措施，注重加强对典型经验的总结推广，形成整体推进的工作态势，为推行集团职代会制度营造良好舆论环境和社会氛围。

本意见也适用于由多个子公司、分公司组成，多层级管理的集团性质企业。

关于进一步加强中央企业职工代表大会制度建设的指导意见

（国资党发党建规〔2022〕24号　2022年2月26日）

为全面贯彻习近平新时代中国特色社会主义思想，落实中央党的群团工作会议和全国国有企业党的建设工作会议精神，健全以职工代表大会（以下简称职代会）为基本形式的企业民主管理制度，依据《中华人民共和国工会法》《企业民主管理规定》《中华全国总工会关于推行企业集团职工代表大会制度的意见》等法律法规和有关文件的规定，结合中央企业实际，提出以下意见。

一、职代会建设遵循的基本原则

1. 坚持党的全面领导。坚持以习近平新时代中国特色社会主义思想为指导，认真贯彻落实党的基本理论、基本路线、基本方略，将坚持党的领导、依靠职工办企业和依法治企有机统一，切实加强党委（党组）对职代会建设的统一领导，坚持重大事项事前请示，统筹协调加强职代会制度建设，确保职代会建设沿着正确的方向发展。

2. 坚持依法依规建设。要通过加强职代会建设，切实保障职工依法享有知情权、参与权、表达权和监督权等民主权利，使职工能够依法有序参与企业管理。要依照相关法律法规，以问题为导向，持续补齐短板，进一步加强职代会制度化规范化建设，使职代会制度更加健全、运行程序更加规范、作用发挥更加有效。

3. 坚持创新发展理念。要与时俱进推进职代会建设，充分运用互联网技术和信息化手段，突出实用实效，提高职代会效率效能。要创新拓展职工建言献策的渠道空间，广泛听取职工意见建议，凝聚职工智慧力量，调动职工参与企业管理的积极性、主动性和创造性，促进企业民主决策、科学决策。

4. 坚持协同联动推进。要以职代会为牵引，建立与企业管理模式相适应、上下配套、层次清晰、各司其职、独立运行的企业内部多层级职代会制度体系，把民主管理制度融入到公司治理和生产经营管理活动之中。要指导所属基层单位结合实际，建立健全职代会制度，充分发挥企业各层级职代会职能作用。

二、依法行使和落实职代会职权

5. 审议建议权。职代会对企业重要事项行使审议建议权，主要包括：听取企业主要负责人关于企业发展规划、年度生产经营管理情况，企业改革和制定重要规章制度情况，企业用工、劳动合同和集体合同签订履行情况，企业安全生产情况，企业缴纳社会保险费和住房公积金情况等报告；听取和审议企业经营管理主要负责人关于企业投资和重大技术改造、企业业务招待费使用等情况报告，专业技术职称评聘、企业公积金使用、企业改制等方案；审议企业制定、修改或者决定的有关劳动报酬、工作时间、休息休假、劳动安全卫生、保险福利、职工培训、劳动纪律以及劳动定额管理等直接涉及劳动者切身利益的规章制度或者重大事项方案。企业集团职代会还应审议企业集团经营方针、中长期发展规划、年度计划、财务预决算、安全生产等重要事项报告，以及企业集团改制方案和重大改革措施等重要事项。在审议的基础上，提出意见和建议。

6. 审议通过权。职代会对涉及职工切身利益的重大事项有审议通过权，主要包括：审议集体合同草案，按照国家有关规定提取的职工福利基金使用方案、住房公积金和社会保险费缴纳比例和时间调整方案，职工奖惩办法、劳动模范推荐人选等重大事项；审议企业合并、分立、改制、解散、破产实施方案中职工的裁减、分流和安置方案；企业集团职代会还应审议企业民主管理制度实施办法；审议企业集团专项合同草案、企业年金方案、住房制度改革方案。在审议的基础上，进行投票表决，形成通过或不通过的决议。

7. 监督评议权。主要包括：审查监督企业执行劳动法律法规和劳动规章制度情况；民主评议企业领导班子及成员、职工董事、职工监事。企业集团职代会监督评议事项还包括建立和健全完善职代会和厂务公开等民主管理制度情况；企业集团职代会决议贯彻执行情况和提案落实情况；企业履行集体合同情况；除监督集团执行情况外，还应监督所属基层单位执行情况。

8. 民主选举权。职代会应依法选举或罢免职工董事、职工监事；选举职代会专门委员会（小组）成员；选举依法进入破产程序企业的债权人会议和债权人委员会中的职工代表；选举法律法规规定或者企业党委（党组）、董事会、经理层与工会协商确定应当由职代会选举产生的其他人员。

9. 法律法规赋予职代会的其他权利。在推进企业集团改革改制特别是混合所有制改革过程中，涉及企业集团改革调整的重大事项，应当通过企业集团职代会履行审议建议权的民主程序，提出意见建议。所属基层单位在此基础上细化方案，提交本级职代会审议并履行相应的民主程序。涉及企业集团职工安置等职工切身利益的重要事项，应当通过企业集团职代会严格履行审议通过权的民主程序，根据所属基层单位实际，提出统一要求与分类指导相结合的原则，表决通过后实施。所属基层单位按照企业集团职代会决议细化方案，提交本级职代会审议通过后实施。职代会在其职权范围内依法审议通过的决议和事项具有约束力，非经职代会同意不得变更或撤销。企业应当提请职代会审议、通过、决定的事项，未按照法定程序审议、通过或者决定的无效。

三、有效保障职工代表依法履职

10. 职工代表的产生与任期。依法享有政治权利，与企业签订劳动合同建立劳动关系的职工以及与企业存在事实劳动关系的职工，均可通过民主程序当选为职代会的职工代表。职工代表应政治坚定、代表性强、品行良好、作风过硬，有一定的生产、管理知识和工作经验，具有较好的参与民主管理的能力。职工代表应当以班组、工段、车间、科室等为基本选举单位由职工直接选举产生。规模较大、管理层次较多的企业职工代表，可以在总部和各所属基层单位职代会的职工代表中选举产生，也可以在全体职工中直接选举产生。职工代表实行常任制，任期与职代会届期一致，可连选连任。根据需要，职代会可设置列席代表与特邀代表。

11. 职工代表的名额与构成。职代会职工代表人数原则上按照不少于全体职工人数的 5% 确定，最少不得低于 30 人。职工代表人数超过 100 人的，超出的代表人数可以由企业与工会协商确定。职代会职工代表应按分配的名额、构成要求，由所在选举单位按相关规定民主选举产生。职工代表应由工人、技术人员、管理人员、企业领导人员和其他方面的职工组成。其中，企业中层以上管理人员和领导人员，一般不超过职工代表总人数的 20%；子企业数量多、分布广的中央企业正副职负责人及所属子企业正职负责人，一般不超过代表总数的35%。劳模先进、高技能领军人才、女职工、青年职工等应占适当比例。

12. 职工代表的权利与义务。职工代表按照《企业民主管理规定》享受相应权利，履行相应义务。职工代表依法行使职权时，任何组织和个人不得压制、阻挠和打击报复。职工代表因严重违反企业规章制度、严重失职给企业利益造成重大损失等，需解除劳动合同的，应当事先征求企业工会组织的意见。

13. 职工代表的资格审查、变动、罢免和补选。职代会首次召开或换届前，应建立职工代表资格审查委员会，负责审查并确认代表是否依法享有政治权利、产生程序是否合规、结构比例是否符合要求，并向职代会报告审查结果。职工代表调出企业或与企业终止、解除劳动关系，退休或死亡，岗位发生变化影响代表构成，以及因其他原因不能正常履行代表职责的，其代表资格即行终止。职工代表在受到纪检监察、公安、司法机关审查期间，其代表资格暂时中止。选举单位有权对触犯法律、受到处分及具有其他不称职行为的职工代表提出罢免申请。罢免职工代表，应当召开选举单位全体职工会议，会议应有三分之二以上职工参加。罢免职工代表的决定，应经全体职工的过半数通过方为有效。职工代表出现缺额时应由原选举单位按相应条件、构成要求及选举程序及时补选产生。罢免或补选的职工代表，应在下一次职代会上确认。

四、规范职代会的组织和程序

14. 职代会的筹备。首届职代会召开前，应当成立由企业党委（党组）、董事会、经理层、工会等方面人员组成的筹备机构。职代会一般每届 3-5 年，具体任期由职代会根据本企业实际情况确定，每年至少召开一次会议。每次会议必须有全体职工代表的三分之二以上出席方可召开。工会委员会作为职代会工作机构负责日常工作。职代会议题、日程及议案确定后，应以书面形式通知职工代表参加会议。凡提交职代会审议、讨论、表决的有关事项，在不泄露国家秘密、工作秘密、商业秘密和个人隐私的前提下，应在正式会议召开前至少提前 7 天发给职工代表，广泛征求意见和建议。职工人数众多、地域分布广的企业，在企业集团职代会召开形式上可探索线上和线下相结合的方式，但在涉及重要事项表决时，应集中现场开会，以保障职工真实意愿的表达。

15. 职代会的组织。职工代表按选举单位单独或联合组成代表团（组），推选正、副团（组）长。职代会设立主席团，主席团成员由企业工会与职工代表大会各团（组）协商提出候选人名单，经职代会预备会议表决通过。主席团人数可以根据企业具体情况确定，其中工人、技术人员、管理人员不少于百分之五十。主席团负责主持职代会、听取各代表团（组）对各项议题审议的意见、研究大会需要通过的决议决定、主持选举和处理大会期间有关民主管理重大事项。职代会根据需要可设立若干个专门委员会（小组），负责办理职代会交办的事项。专门委员会（小组）的人选一般在职工代表中提名，也可以推荐具有一定专长和管理经验的非职工代表。专门委员会（小组）人员名单经职代会表决通过。

16. 职代会的召开。职代会正式会议召开前，应组织职工代表召开预备会议，主要程序是：选举大会主席团；听取关于本届（次）职代会筹备情况；审议通过职工代表资格审查情况报告；通过大会议题和议程；决定大会其他事项。职代会正式会议由大会主席团主持，按照预备会议确定的议程进行。职代会选举和表决相关事项，必须按少数服从多数的原则，经全体职工代表的过半数通过。对重要事项的表决，应当采用无记名投票的方式分项表决。

17. 职代会闭会后的相关工作。职代会民主评议结果应由组织人事主管部门向上级组织人事主管部门报告，同时向被评议对象转达评议意见。被评议对象对评议结果有疑问的，可向民主评议监督委员会提请调查核实。做好大会决议、提案的交办落实工作。

五、健全职代会日常民主管理制度

18. 联席会议制度。职代会闭会期间，根据职代会授权，职代会联席会议负责处理职代会职权范围内的重要问题。联席会议由职工代表团（组）长、职代会专门委员会（小组）负责人等组成，工会委员会负责召集。可以根据会议内容邀请企业领导人员或其他有关人员参加。联席会议形成的意见或决议，应提请下一次职代会确认。企业改革改制方案、职工安置方案必须经职代会审议，不可由联席会议替代职代会行使职权。

19. 临时会议制度。职代会闭会期间，遇有重大事项，可由企业行政、工会或三分之一以上职工代表联名提议，召开职代会临时会议。职代会临时会议应按职代会规范程序进行。

20. 职工代表巡视检查制度。职代会闭会期间，工会委员会应组织职工代表对职代会决议、决定执行和提案办理情况进行检查和监督，对企业重大决策的执行情况、职工群众关切问题等进行巡视检查，督促企业及时改进。

六、切实加强企业对职代会的支持保障

21. 认真落实企业党组织对职代会的全面领导责任。自觉把职代会建设纳入年度工作要点、党委（党组）巡视内容和党建工作目标考核，定期听取职代会工作情况汇报并及时研究解决有关问题。领导支持企业落实职代会各项职权和决议，建立健全企业工会组织，保障人员编制，指导和督促工会委员会担负好职代会日常工作机构职责，维护好职工群众和职工代表的合法权益。

22. 积极推进职代会制度的落实。企业董事会、经理层要尊重职工代表的民主权利，重视职代会提出的建议和意见，支持职代会依法行使职权。要把企业民主管理纳入企业基础管理制度。企业对职代会作出的决定决议、职工代表提案应当明晰责任并抓好落实。职代会工作费用应当在企业管理费中列支。

23. 合理确定职代会与其他会议的有效衔接。职代会应与企业决定年度计划等重要事项的董事会会议、企业工作会议做好衔接。一般情况下，企业工作会议应在职代会之后召开，便于落实职代会的审议建议权、审议通过权。

24. 充分发挥职工董事、职工监事作用。职工董事、职工监事定期听取职工的意见和建议，在董事会、监事会上真实、准确、全面地反映职工的意见和建议，对职代会作出决议的事项，应当按职代会相关决议发表意见、行使表决权。职工董事、职工监事每年至少一次向职代会报告工作，接受职代会监督、质询、民主评议。

各中央企业可以根据本意见制定实施方案。

职工代表大会操作指引

（国厂开组办发〔2022〕2号 2022年3月17日）

为规范职工代表大会操作流程，完善职工代表大会运作机制，充分发挥职工代表大会积极作用，推动企业民主管理工作高质量发展，依照相关法律法规和政策文件规定，制定本指引。

本指引中所指“企业”，主要是指国有、集体及其控股企业、私营、港澳台投资、外商投资等企业。事业单位、民办非企业组织等其他单位可参照执行。

一、建章立制

（一）建立制度。

企业应当按照合法、有序、公开、公正的原则，建立以职工代表大会为基本形式的民主管理制度，实行厂务公开，推行民主管理。

企业行政管理方与企业工会委员会应根据法律法规政策的规定，结合实际，制定职工代表大会的实施办法（细则），明确其组织制度、职权内容和工作制度等，提交职工代表大会审议通过，并将其纳入本单位管理制度体系，同时报同级党组织，并报上一级工会备案。

（二）确定组织形式。

职工大会和职工代表大会是职工代表大会制度的两种形式，二者在性质、任务、职权等方面没有区别，职工代表大会在具体工作制度方面增加了职工代表大会代表的选举、罢免等内容。

企业行政管理方与企业工会委员会可以根据企业的职工人数，实际需要和客观条件协商选择召开职工大会或职工代表大会。根据规定，企业职工人数在五十人以下的，应当召开职工大会。

（三）确定职工代表大会届期。

职工代表大会每届任期为三年至五年，具体任期由职工代表大会根据本单位实际情况确定。职工代表大会应当按期换届，遇到需要提前或延期换届的情况，应当经企业行政管理方与企业工会委员会协商一致，并将提前或延期换届理由向上一级工会书面报告，同时将具体情况通过公开渠道让全体职工知晓。

（四）开展筹备工作。

企业首次召开职工代表大会或换届前，应当成立由企业党组织、企业行政管理方、企业工会委员会等方面人员组成的筹备机构。筹备机构主要任务是：起草本单位职工代表大会实施办法（细则）；组织选举职工代表；起草职工代表大会筹备工作情况报告；研究确定本次职工代表大会主要议题和议程；听取职工的意见和建议等等。非首次召开职工代表大会或换届，由企业工会委员会牵头完成各项大会筹备工作。

二、会前筹备

（一）组织选举职工代表。

1. 确定职工代表人数。企业工会委员会按照不少于全体职工人数的百分之五的比例确定职工代表人数，同时确保职工代表的人数不少于三十人；如果按此比例计算出的职工代表人数超过一百人，超出部分的代表人数可以由企业行政管理方与企业工会委员会协商确定。

职工代表在一届任期内实行常任制，职工代表大会换届时，职工代表经过民主选举可以连选连任，不受任期次数的限制。

2. 确定职工代表构成和比例。职工代表大会的代表要具有广泛性、代表性，其中，企业中层以上管理人员和领导人员一般不得超过职工代表总人数的百分之二十。所属单位多、分布广的企业集团，中层以上管理人员和领导人员一般不超过代表总数的百分之三十五。促进女职工代表比例与企业女职工比例相适应，有被派遣劳动者的企业，职工代表中应有被派遣劳动者代表。

3. 确定选区分配名额。职工代表应以分公司（厂）、部门、班组、车间、科室等为基本选举单位，企业工会委员会综合考虑职工代表人数总额、各选区职工人数、职工代表构成和比例要求等，确定各选区的职工代表名额。

4. 开展选举工作。企业工会委员会组织开展选举工作，企业行政管理方应予以支持配合。选举、罢免职工代表，应当召开选举单位全体职工会议，会议应有三分之二以上职工参加。选举、罢免职工代表的决定，应经全体职工的过半数通过方为有效。

参加集团职工代表大会的职工代表可以在企业集团总部和各所属基层单位职工代表大会的职工代表中选举产生，也可以在企业集团全体职工中直接选举产生。

选区一般应当场公布选举结果，企业工会委员会及时汇总选举结果，提交职工代表资格审查委员会（小组）审查，审查无误后，及时将职工代表名单通过厂务公开栏等形式向全体职工公布。

5. 职工代表的罢免、补选。职工代表因岗位变动、离职退休、解除或终止劳动合同等原因无法履行代表职责，代表资格自行终止。对无故不履行代表职责，或严重失职失去选区职工信任、严重违反本单位规章制度或因违法犯罪受到刑事处罚等原因难以胜任职工代表的，应当予以罢免。

企业工会委员会应及时掌握职工代表动态信息，发现需要罢免的情况，及时调查核实，并组织原选区履行罢免程序，一般为：

（1）组织原选区对需要被罢免的职工代表的情况进行讨论，视情况需要，被罢免的职工代表可参加会议并进行申辩；

（2）经原选区全体职工半数以上同意，可以作出罢免决定；

（3）原选区将罢免职工代表的决定报告企业工会委员会。

职工代表因罢免、岗位变动、离职退休、解除或终止劳动合同等原因出现缺额时，企业工会委员会依照规定的民主程序，组织原选区，按原比例结构补选职工代表，补选的民主程序与选举的民主程序相同。

6. 成立职工代表资格审查委员会（小组）。职工代表资格审查委员会（小组）成员一般由工会、干部管理部门或人力资源部门、纪委监察等相关部门人员组成。

审查的主要事项包括：

（1）职工代表结构比例是否符合相应规定；

（2）职工代表是否具备当选资格和条件；

（3）职工代表的产生是否履行规范民主程序；

（4）选举时是否存在作弊、贿选等不正当行为等。

7. 确认职工代表资格。与企业建立劳动关系的职工及被派遣劳动者，有选举和被选举为职工代表大会代表的权利。

8. 组成代表团（组）并选出代表团（组）长。企业工会委员会根据企业职工人数、分布情况和实际需要来确定是否组成职工代表团（组）并选举代表团（组）长。如有需要，则将职工代表按照所属基层选举单位组成代表团（组）并推举团（组）长。

9. 邀请列席代表。企业工会委员会可以根据实际情况和职工代表大会会议内容的需要，邀请一些未当选职工代表的企业领导人员、有关部门负责人和相关人员等参会。列席代表可以在职工代表大会或代表团（组）会议发言，提出意见建议，但没有选举权和表决权。

（二）设立职工代表大会专门机构。

企业工会委员会主要根据企业职工人数、分布情况和实际需要来确定是否设立职工代表大会专门机构，即专门委员会（小组）。如有需要，可结合职工代表大会的职权内容和实际需要设立职工代表大会专门机构，负责办理职工代表大会交办的事项。

一般可以设立职工代表提案、集体合同、劳动法律监督、劳动保护、薪酬福利、评议监督等常设的专门委员会（小组）。规模较小的企业可以设立一个综合性的民主管理专门委员会（小组）。企业还可以根据工作需要，设立一些临时性的专门委员会（小组），待承担的特定工作结束后予以撤销。

专门委员会（小组）负责人一般在职工代表中提名，成员可以聘请熟悉相关业务的非职工代表，但必须经职工代表大会审议通过。实践中，企业的相关职能部门负责人不担任对口专门委员会（小组）的负责人，以确保专门委员会（小组）的监督作用落到实处。

一般设立专门委员会（小组）的流程包括：

（1）企业工会委员会拟定组建专门委员会（小组）及确定其组成人员的具体方案；

（2）由职工代表团（组）提出具体候选人（名单）；

（3）经职工代表大会主席团审议后，正式提出各专门委员会（小组）候选人名单，提请职工代表大会审议通过。

（三）征集职工代表提案，确定职工代表大会议题。

1. 职工代表提案的征集和处理。企业工会委员会发出征集职工代表提案的通知，职工代表在征集选区职工意见，充分调研的基础上提出提案。提案专门委员会（小组）对提案进行审核、筛选、分类、整理、合并、汇总，予以立案的提案提交企业行政管理方讨论审批，确定相关承办和协办部门，由相关承办和协办部门进行处理和书面答复提案人；已经落实或暂时解决不了的提案，由相关职能部门书面答复提案人；不符合条件的提案退还提案人并进行解释说明。提案专门委员会（小组）汇总提案审理及落实情况，向职工代表大会报告，并对提案落实情况进行整理、登记和归档。

2. 确定职工代表大会议题。一般程序包括：

（1）通知征集。企业工会委员会通过各种途径广泛征求、充分听取职工群众的意见和建议。

（2）提出草案。企业工会委员会依据职工代表大会职权，与企业行政管理方协商，初步形成议题和议案的草案。

（3）形成正式意见。企业工会委员会将议题和议案的草案补充修改后形成正式意见，书面报同级党组织同意。

（4）提前送达职工代表，征集意见建议。职工代表大会议题和议案应当在会议召开七日前以书面形式送达职工代表。职工代表在收到材料后，应及时征求所在选区职工的意见和建议，在审议讨论过程中将这些意见和建议反映出来，认真参与团（组）讨论。企业工会委员会要做好职工代表讨论审议意见的收集、整理并反馈相关职能部门。对分歧较大的事项，企业行政管理方和企业工会委员会应当根据职工代表意见进行协商修改后，交由职工代表重新组织讨论。

（5）职工代表大会预备会议审议通过。由企业工会委员会向职工代表大会预备会议提出议题和议案建议稿，经预备会议审议通过后作为职工代表大会正式议题和议案。

（四）确定大会议程。

根据职工代表大会讨论的事项和对该事项行使的职权设置职工代表大会的议程。一般包括：

（1）会议主持人报告职工代表出席情况（含应到人数、实到人数），确定会议召开的合法性；

（2）听取需要职工代表大会审议、审查事项的报告；

（3）组织职工代表充分讨论和审议；

（4）召开主席团会议；

（5）组织职工代表对需要职工代表大会审议通过的事项进行投票表决；

（6）组织职工代表对有关人员进行民主选举；

（7）组织职工代表对有关人员进行民主评议；

（8）形成决议，大会总结。

（五）向同级党组织、上一级工会报告。

企业召开职工代表大会前，须由职工代表大会筹备机构或企业工会委员会就会议筹备情况向同级党组织报告，并向上一级工会报备。

三、会前审议

（一）预备会议。

1. 预备会议职责。职工代表大会预备会议一般由企业工会委员会主持召开，全体职工代表参加，对召开本次职工代表大会需要确认的事项履行民主程序，确保正式会议合法、有效。

具体职责主要包括：

（1）选举产生大会主席团；

（2）听取本届（次）职工代表大会的筹备情况汇报，提出大会议题和议程的建议；

（3）通过职工代表资格审查委员会（小组）作的职工代表资格审查情况的报告；

（4）通过本届（次）职工代表大会的议题和议程；

（5）决定大会其他准备事项。

2. 设立主席团。职工代表大会根据实际情况确定是否设立主席团。规模较大、管理层级较多、职工人数较多的企业召开职工代表大会可以选举大会主席团主持会议。

主席团成员产生的程序是：

（1）企业工会委员会与职工代表大会的各代表团（组）协商，提出主席团成员候选人名单，其中，工人、技术人员、普通管理人员不少于百分之五十；

（2）职工代表大会预备会议审议主席团成员候选人名单，表决通过后主席团正式成立。没有设立职工代表大会主席团的，应当由企业工会委员会与企业行政管理方协商，在职工代表中推举职工代表大会的会议主持人，负责主持会议，一般由企业工会主要负责人担任。

（二）主席团会议。

主席团会议表决通过大会日程和议程、大会执行主席等。

四、正式会议

（一）宣布开会。

大会执行主席或者主持人核实出席大会的职工代表人

数。到会职工代表必须超过全体职工代表总数的三分之二，会议方为有效。

宣布开会后，主持人应简要讲明本次大会的中心议题和主要任务，宣布大会议程。

（二）向职工代表大会作各项报告。

1. 企业主要负责人作企业工作报告。工作报告已经在会前发给职工代表进行充分讨论的，可针对职工代表提出的意见作出说明。

2. 行政有关负责人作专题议案情况报告，就提交职工代表大会审查或审议的专题议案，说明专题议案制定的依据、目的和具体实施办法；针对职工代表提出的意见作出具体说明。

审议建议的议案可包括：企业改革改制方案、发展规划、年度生产经营管理情况，企业用工、劳动合同和集体合同签订履行情况，企业安全生产情况，企业缴纳社会保险费和住房公积金情况，企业制定、修改或者决定有关劳动报酬、工作时间、休息休假、劳动安全卫生、保险福利、职工培训、劳动纪律以及劳动定额管理等直接涉及职工切身利益的规章制度或者重大事项情况等的报告或方案。审议并提出意见和建议。

审议通过的议案可包括：集体合同草案，按照国家有关规定提取职工福利基金使用方案、住房公积金和社会保险费缴纳比例和时间的调整方案，劳动模范推荐人选等重大事项。审议并进行表决，形成同意或不同意的决议。国有及其控股企业中职工的裁减、分流和安置方案也应当经职工代表大会审议通过。

地方法规有相关规定，从其规定。

3. 企业工会主席、职工代表大会专门委员会（小组）负责人就上届（次）职工代表大会决议落实情况、职工代表提案处理情况、集体合同执行情况等作报告。

4. 企业工会主席就职工代表大会闭会期间，职工代表团（组）长和专门委员会（小组）负责人联席会议处理的重大事项向大会作出说明，提请大会确认。

5. 其他相关草案或情况说明。

（三）民主评议。

民主评议一般程序为：

1. 被评议人员在职工代表大会上作述职述廉报告，接受职工代表质询；

2. 组织职工代表进行无记名测评；

3. 汇总测评结果和评议意见；

4. 向职工代表和被评议人员反馈测评结果；

5. 按照干部管理权限将民主测评结果报送人事主管部门。

民主评议对象包括：职工董事、职工监事，国有、集体及其控股企业领导班子成员，法律法规规定或企业行政管理方与企业工会委员会协商确定应当接受职工代表大会民主评议的其他人员。

国有、集体及其控股企业可根据实际情况，制定切实可行的实施方案或办法，与干部人事制度、企业领导班子考核紧密结合，用好民主评议结果，将其按一定权重纳入干部考核体系。

（四）分组讨论并发言。

以职工代表团（组）为单位，就以上报告、议案、草案进行分组讨论，同时对大会的各项决议草案和需要经过大会选举的候选人进行酝酿。大会主席团成员分别参加本代表团（组）的讨论。

各代表团（组）应指定专人认真记录职工代表的讨论发言，整理归纳后将讨论意见向主席团汇报。

（五）主席团会议。

职工代表大会主席团会议听取各代表团（组）讨论情况，研究需要审议决定的相关事项，草拟大会决议。

（六）选举和表决。

1. 选举。职工代表大会依据职权，选举或者罢免职工董事、职工监事，选举依法进入破产程序企业的债权人会议和债权人委员会中的职工代表，根据授权推荐或者选举企业经营管理人员。

2. 表决。一般包括：

（1）职工代表根据大会主席团的提名，表决通过职工代表大会专门委员会（小组）的人选；

（2）表决通过其他需要经过职工代表大会选举的人员；

（3）表决大会决议、决定和有关议案的草案。

选举、表决需要最大限度保证职工代表真实意愿的表达。对于程序性的问题，可采用举手表决或鼓掌通过等方式；对涉及职工切身利益的重大事项必须采用无记名投票的方式分项表决。其中要注意：一是表决事项须获得全体职工代表过半数赞成方为通过；二是如果对多个事项进行表决，应当分项表决，以确保职工代表对每一事项都能准确行使民主权力。

（七）致闭幕词，宣布大会结束。

大会执行主席或者主持人宣布大会结束。

五、会后工作

（一）公示审议通过事项和决议。

企业工会委员会应当在闭会后将审议通过的事项和决议向全体职工公布。

注意：公布的范围应覆盖全体职工；公布的时间要有时效性，一般要求在闭会后七日内公布；公布形式可以多样，保证信息的完整和真实。

（二）报告同级党组织、上一级工会。

闭会后七日内，企业工会委员会将会议有关情况向同级党组织、上一级工会报告。

（三）职工代表大会质量评估。

企业工会委员会设计职工代表大会工作质量评估表，在职工代表大会结束后，组织职工代表填写，汇总数据；召开职工代表座谈会，了解掌握情况；召开党政工专题会议，研究提出整改意见和措施；向下一次职工代表大会报告测评结果及实施整改措施情况，接受职工代表审议，并将有关档案整理归档。

（四）整理归档会议材料。

企业工会委员会应及时梳理、妥善保存会议筹备和召开的相关材料，包括职工代表选举的相关文件，企业主要负责人、工会主席等所作的会议报告，职工代表讨论和发言的记录，选举和表决的程序文件等。

（五）临时职工代表大会。

职工代表大会每年至少召开一次，闭会期间，有职工代表大会职权范畴内的重大事项，企业行政管理方、企业工会委员会或三分之一以上职工代表联名提议，可召开职工代表大会临时会议。临时会议具体时间和议题由双方协商确定，程序等要求与正常召开职工代表大会的规定一致。

（六）职工代表团（组）长和专门委员会（小组）负责

人联席会议。

职工代表大会闭会期间，有需要临时解决涉及企业改革发展、职工切身利益的重要问题时，可由企业工会委员会组织召集职工代表团（组）长和专门委员会（小组）负责人联席会议协商处理。联席会议可由职工代表团（组）长、专门委员会（小组）负责人、主席团成员、企业工会委员会委员参加。根据会议内容，还可以邀请党组织领导、相关经营管理人员、有关职能部门负责人等参加，便于联席会议更加妥当并顺利地对相关事项进行协商处理。协商讨论解决属于职工代表大会职权范围内的事项必须由职工代表大会授权，联席会议对有关事项的处理结果应当提请下一次职工代表大会确认。

（七）职工代表巡视检查。

企业工会委员会可建立职工代表巡视检查制度，充分发挥职工代表在职工代表大会闭会期间的参政议政作用，保证职工代表大会决议、决定的落实。根据企业实际情况，定期组织职工代表对职工代表大会决议、决定贯彻落实情况，提案办理情况，企业安全生产、经营管理及为群众办实事情况，集体合同履行情况，职工群众关心的其他热点问题等进行巡视检查。职工代表就检查中发现的问题，及时提出意见建议，督促被检查单位或部门整改，跟踪整改情况。企业工会委员会汇总巡视检查情况，形成年度巡视检查总结报告报企业行政管理方，并在下一次职工代表大会民主管理工作报告中提报，接受职工代表审议监督。

职工代表大会工作流程

建章立制	1. 建立制度　2. 确定组织形态　3. 确定职工代表大会届期　4. 开展筹备工作
会前筹备	1. 组织选举职工代表　2. 设立职工代表大会专门机构　3. 征集职工代表提案，确定职工代表大会议题　4. 确定大会议程　5. 向同级党组织、上一级工会报告
会前审议	1. 预备会议　2. 主席团会议
正式会议	1. 宣布开会　2. 向职工代表大会作各项报告　3. 民主评议　4. 分组讨论并发言　5. 主席团会议　6. 选举和表决　7. 致闭幕词，宣布大会结束
会后工作	1. 公示审议通过事项和决议　2. 报告同级党组织、上一级工会　3. 职工代表大会质量评估　4. 整理归档会议材料　5. 临时职工代表大会　6. 职工代表团（组）长和专门委员会（小组）负责人联席会议　7. 职工代表巡视检查

【地方法规及文件示例】▸▸

上海市职工代表大会条例

（2010 年 12 月 23 日上海市第十三届人民代表大会常务委员会第二十三次会议通过　根据 2017 年 11 月 23 日上海市第十四届人民代表大会常务委员会第四十一次会议《关于修改〈上海市职工代表大会条例〉的决定》第一次修正　上海市人大常委会办公厅公告第 57 号）

第一章　总　则

第一条　为了保障职工的民主权利，构建和谐稳定的劳动关系，促进职工和企业、事业单位以及民办非企业单位等组织共同发展，根据《中华人民共和国宪法》、《中华人民共和国劳动法》、《中华人民共和国工会法》、《中华人民共和国公司法》、《中华人民共和国劳动合同法》以及其他有关法律、行政法规，结合本市实际，制定本条例。

第二条　本市行政区域内的企业、事业单位以及民办非企业单位等组织（以下统称“企事业单位”）建立和实施职工代表大会制度，适用本条例。

第三条　推进职工代表大会制度建设，应当坚持中国共产党的领导，促进劳动关系和谐发展。

第四条　企事业单位应当建立职工代表大会制度。

职工人数在一百人以上的企事业单位应当召开职工代表大会；职工人数不足一百人的企事业单位一般召开职工大会。

职工代表大会（或者职工大会，下同）是企事业单位实行民主管理的基本形式，是协调劳动关系的重要制度，是职工行使民主管理权力的机构。

职工代表大会应当充分发扬民主，实行少数服从多数的原则。

第五条　企事业单位应当保障职工代表大会依法行使职权，保障职工依法享有知情权、参与权、表达权和监督权。

职工通过职工代表大会依法参与企事业单位民主管理，支持企事业单位合法的生产经营和管理活动，维护自身合法权益。

企事业单位与本单位工会应当协商制定实行职工代表大会制度的具体办法，并纳入本单位的管理制度。

第六条　企事业单位的工会是职工代表大会的工作机构，承担职工代表大会的日常工作。

第七条　本市各级人民政府应当建立健全工作机制，通过与工会召开联席会议或者采取适当方式，推进本地区落实职工代表大会制度。

本市各级国有资产、教育、科技、文化、卫生等主管部门和人力资源社会保障等有关行政管理部门应当指导、督促、检查企事业单位实行职工代表大会制度。

第八条 上级工会、行业协会和相关企业联合组织应当指导和帮助企事业单位建立健全职工代表大会制度。

第二章 职 权

第九条 职工代表大会依法行使审议建议、审议通过、审查监督、民主选举、民主评议等职权。

第十条 下列事项应当向职工代表大会报告，接受职工代表大会审议，并通过职工代表大会听取职工的意见和建议：

（一）企事业单位的发展规划，年度经营管理情况和重要决策；

（二）企事业单位制订、修改、决定直接涉及职工切身利益的规章制度或者重大事项，以及改革改制中职工分流安置、经济补偿等劳动关系变更的方案；

（三）工会与企业就职工工资调整、经济性裁员、群体性劳动纠纷和生产过程中发现的重大事故隐患或者职业危害等事项进行集体协商的情况；

（四）职工代表大会工作机构的工作情况、联席会议协商处理的事项；

（五）国有、集体及其控股的企业、事业单位财务预决算等重要事项；

（六）法律法规规定或者企事业单位与工会协商确定应当向职工代表大会报告的其他事项。

企事业单位决定改制、合并、分立、搬迁、停产、解散、申请破产等重大问题，应当依照法律的规定，通过职工代表大会审议或者其他形式听取职工的意见和建议。

第十一条 下列事项应当向职工代表大会报告，并由职工代表大会审议通过：

（一）涉及劳动报酬、工作时间、休息休假、保险福利等事项的集体合同草案；

（二）工资调整机制、女职工权益保护、劳动安全卫生等专项集体合同草案；

（三）企事业单位因劳动关系变更方案引发群体性劳动纠纷，依照规定开展集体协商形成的专项集体合同草案；

（四）国有、集体及其控股企业的薪酬制度，福利制度，劳动用工管理制度，职工教育培训制度，改革改制中涉及的职工安置方案，以及其他涉及职工切身利益的重要事项；

（五）事业单位的职工聘任、考核奖惩办法，收益分配的原则和办法，职工生活福利制度，改革改制中涉及的职工安置方案，以及其他涉及职工切身利益的重要事项；

（六）法律法规规定或者企事业单位与工会协商确定应当提交职工代表大会审议通过的其他事项。

第十二条 下列事项应当向职工代表大会报告，并接受审查监督：

（一）职工代表大会提案办理情况；

（二）职工代表大会审议通过的重要事项落实情况；

（三）集体合同和专项集体合同履行情况；

（四）劳动安全卫生标准执行、社会保险费交缴、职工教育培训经费提取使用等情况；

（五）法律法规规定或者企事业单位与工会协商确定应当向职工代表大会报告并接受审查监督的其他事项。

第十三条 下列人员应当由职工代表大会民主选举产生：

（一）民主管理专门小组（委员会）成员；

（二）董事会和监事会中的职工代表；

（三）法律法规规定或者企事业单位与工会协商确定应当由职工代表大会民主选举产生的其他人员。

第十四条 下列人员应当接受职工代表大会的民主评议：

（一）董事会和监事会中的职工代表；

（二）国有、集体及其控股企业的高级管理人员，事业单位负责人，以及按照本市有关规定应当接受职工代表大会民主评议的其他人员；

（三）法律法规规定或者企事业单位与工会协商确定应当接受职工代表大会民主评议的其他人员。

第三章　职工代表

第十五条　企事业单位的职工可以当选为职工代表。

职工代表由职工民主选举产生，实行常任制，可以连选连任，任期与职工代表大会届期相同。

选举职工代表一般以分公司、分院（校）、部门、班组、科室等为选区。选举应当有选区全体职工三分之二以上参加，候选人获得选区全体职工半数以上赞成票方可当选。选举结果应当公布。

第十六条　职工代表的构成应当以一线职工为主体，中、高层管理人员不超过百分之二十，但跨地区、跨行业的大型集团型企业的比例可以适当提高。女职工代表比例一般与本单位女职工人数所占比例相适应。

教育、科技、文化、卫生等领域的企事业单位，职工代表应当以直接从事专业技术工作的人员为主体。

第十七条　职工代表的权利：

（一）在职工代表大会上，有选举权、被选举权、审议权和表决权；

（二）对涉及本单位发展和职工权益的重要事项有知情权、建议权、参与权和监督权；

（三）参加与职工代表履职相关的培训、检查等活动；

（四）因履职活动而占用生产、工作时间，按照正常出勤享受应得的待遇。

第十八条 职工代表的义务：

（一）学习、宣传有关法律法规和政策，提高自身素质，增强参与民主管理的能力，做好本职工作；

（二）联系选区职工，听取职工的意见和建议，表达职工的意愿和要求；

（三）执行职工代表大会决议，做好职工代表大会交办的各项工作；

（四）及时向选区职工通报参加职工代表大会活动和履行职责的情况，接受评议监督；

（五）模范遵守单位规章制度，保守商业秘密。

第十九条 职工代表出现缺额时，应当由原选区依照规定的民主程序及时补选。选举结果应当公布。

职工代表因无故不履行或者无法履行代表职责而被撤免的，应当经原选区全体职工半数以上同意。

第二十条 职工代表依法行使权利，任何组织和个人不得压制、阻挠和打击报复。

第四章 组织制度

第二十一条 企事业单位职工代表大会的职工代表名额，按照下列规定确定：

（一）职工人数在一百人至三千人的，职工代表名额以三十名为基数，职工人数每增加一百人，职工代表名额增加不得少于五名；

（二）职工人数在三千人以上的，职工代表名额不得少于一百七十五名；

（三）职工人数不足一百人，实行职工代表大会制度的，职工代表名额不得少于三十名。

职工代表大会可以根据需要设置列席代表。列席代表无表决权和选举权。

第二十二条 职工代表大会每届任期为三年至五年。职工代表大会因故需要延期换届的，延期时间不得超过一年。

职工代表大会每年至少召开一次会议。企事业单位、工会或者三分之一以上职工代表提议，可以召开职工代表大会。

第二十三条 职工代表大会选举产生的主席团主持会议，处理大会期间有关重大问题。

职工代表人数在三十人至一百人的，主席团可以设三至五人；职工代表人数在一百人以上的，主席团人数不得少于七人。主席团成员中，一线职工代表的比例不得少于百分之五十。

职工人数在三十人以下的，可以选举大会执行主席一人，主持召开职工大会。

第二十四条 职工代表大会可以设立若干民主管理专门

小组（委员会），组织职工代表开展民主管理专项活动，办理职工代表大会交办的有关事项。专门小组（委员会）负责人由职工代表担任。

第二十五条 职工代表大会闭会期间，除法律法规规定应当提交职工代表大会审议通过的事项外，对需要及时处理的重要事项，企事业单位可以召开职工代表大会联席会议进行协商处理，处理结果应当向下一次职工代表大会报告。

联席会议由工会负责召集，由职工代表团（组）长、民主管理专门小组（委员会）负责人、主席团成员、工会委员会委员参加。

第二十六条 企事业单位下属的分公司（厂）、分院（校）应当建立职工代表大会制度，行使与其管理权限相对应的职工民主管理权利。

第二十七条 职工代表大会的经费由企事业单位在管理费用中列支。

第五章 议事规则

第二十八条 职工代表大会须有全体职工代表三分之二以上出席，方可召开。

第二十九条 职工代表大会的议题和议程，由企事业单位与工会协商确定。

第三十条 提交职工代表大会审议和审议表决的书面材

料，应当在职工代表大会召开的七日前送交职工代表；职工代表团（组）应当组织职工代表讨论，由工会及时汇总整理职工代表团（组）的意见和建议。

职工代表对涉及职工切身利益的重要事项意见分歧较大的，由企事业单位和工会根据职工代表意见进行协商修改后，提交职工代表大会再次审议。

第三十一条　职工代表大会审议通过事项，应采取无记名投票方式，并须获得全体职工代表半数以上赞成票方可通过。

第三十二条　职工代表大会审议通过的事项和决议应当在职工代表大会闭会后向全体职工公布。

第三十三条　法律法规规定应当提交职工代表大会审议的事项，未按照法定程序提交的，企事业单位的工会有权以书面形式要求纠正，企事业单位应当根据工会的要求予以纠正，并给予书面答复。

法律法规规定应当提交职工代表大会审议通过的事项，未按照法定程序提交审议通过的，企事业单位就该事项作出的决定对本单位职工不具有约束力。

第三十四条　职工代表大会在其职权范围内审议通过的事项对本单位以及全体职工具有约束力，未经职工代表大会重新审议通过不得变更。

第六章　工作机构

第三十五条　企事业单位的工会在职工代表大会筹备和召开期间，履行下列职责：

（一）组织开展职工代表的选举、撤换、培训等工作；

（二）做好职工代表大会文件的准备工作；

（三）提出职工代表大会主席团成员、民主管理专门小组（委员会）成员候选人建议名单，董事会、监事会中的职工代表候选人建议名单；

（四）代表职工与企事业单位开展集体协商，形成集体合同草案、专项集体合同草案和起草说明、集体协商情况的报告等；

（五）组织职工代表团（组）在会前和会中对提交职工代表大会审议和审议表决的事项进行讨论，汇总整理意见，并与企事业单位协商修改；

（六）负责职工代表大会其他筹备和组织工作。

第三十六条　企事业单位的工会在职工代表大会闭会期间，履行下列职责：

（一）动员职工执行职工代表大会决议，督促决议的落实和提案的办理；

（二）建立与职工代表的联系制度，受理职工代表的申诉和提案，维护职工代表的合法权益；

（三）组织职工代表、民主管理专门小组（委员会）开展提案、巡视检查、质量评估等日常民主管理活动；

（四）完成职工代表大会交办的其他工作。

第三十七条　企事业单位的工会应当在职工代表大会闭会之日起七个工作日内，将会议的有关情况报告上一级工会。

第七章　区域性、行业性职工代表大会

第三十八条　社区、产业园区、商业街区、商务楼宇等同一区域内的企业可以联合建立区域性职工代表大会。生产经营业务相同或者相近的企业可以联合建立行业性职工代表大会。

区域性、行业性职工代表大会的工作机构是区域、行业工会。

第三十九条　乡、镇人民政府和街道办事处应当积极推动实施区域性、行业性职工代表大会制度，支持和保障职工代表大会制度的正常运行，确定相关职能部门履行下列职责：

（一）组织、协调区域性、行业性职工代表大会制度的建立；

（二）指导、督促区域性、行业性职工代表大会落实本条例各项规定、行使各项职权；

（三）会同工会和企业联合组织等确定实施区域性、行业性职工代表大会制度的召集人和责任人；

（四）督促落实区域性、行业性职工代表大会决议；

（五）会同工会和企业联合组织依法对违反本条例规定的企业提出处理建议。

第四十条 区域性、行业性职工代表大会行使下列职权：

（一）听取区域、行业内企业执行劳动法律法规和政策情况报告，区域、行业劳动关系状况报告，并提出意见和建议；

（二）审议区域、行业内企业有关劳动报酬、工作时间、休息休假、劳动安全卫生、保险福利、职工培训，以及劳动定额等直接涉及职工切身利益的重大事项，提出意见和建议；

（三）审议通过区域性、行业性集体合同草案和专项集体合同草案；

（四）审查监督区域、行业内企业执行劳动法律法规和区域性、行业性职工代表大会决定事项的情况，履行区域性、行业性集体合同和专项集体合同及缴纳社会保险费等情况；

（五）其他应当由区域性、行业性职工代表大会行使的职权。

第四十一条　区域性、行业性职工代表大会的职工代表人数和构成，由区域、行业工会与区域、行业内企业协商确定，并根据实际设立选区，组织职工按比例民主选举产生职工代表。

区域性、行业性职工代表大会的职工代表总数不得少于三十人，其中企业经营管理者不得超过百分之三十,一线职工不得少于百分之五十。

第四十二条　区域性、行业性职工代表大会通过的集体合同、专项集体合同以及有关决议应当向全体职工公布。

第四十三条　区域性、行业性职工代表大会的组织制度、议事规则、工作机构的职责等参照企事业单位职工代表大会的有关规定实施。

第八章　监督检查和法律责任

第四十四条　市和区人力资源社会保障行政管理部门，同级工会和企事业单位代表，通过劳动关系三方协商机制，共同推进企事业单位建立健全职工代表大会制度。

第四十五条　市和区人力资源社会保障行政管理部门与同级工会对企业执行劳动保障法律法规情况开展联合监督检查时，应当检查企业实行职工代表大会制度的情况。

第四十六条　市和区总工会应当将企事业单位实行职工代表大会制度的情况纳入工会劳动法律法规监督检查的内

容。对企事业单位违反本条例规定的行为，可以发出工会劳动法律监督整改意见书，要求企事业单位在九十日内予以改正。对企事业单位逾期不改正的，市和区总工会可以根据需要向同级国有资产、教育、科技、文化、卫生等主管部门和人力资源社会保障等行政管理部门提出工会劳动法律监督处理建议书。

对违反本条例规定引发群体性劳动纠纷的企事业单位，以及工会开具劳动法律监督处理建议书的企事业单位，国有资产、教育、科技、文化、卫生等主管部门和人力资源社会保障等行政管理部门应当依法进行调查处理，督促企事业单位在三十日内予以改正。

对企事业单位逾期仍不改正的，由市总工会按照本市社会信用管理的相关规定将该信息纳入市公共信用信息服务平台。对违反劳动保障法律法规的，由人力资源社会保障行政管理部门依法作出行政处理。

第四十七条　企事业单位与工会因实施职工代表大会制度的事项发生争议，双方应当协商解决；协商不成的，提请上级工会与有关主管部门协调解决。

第四十八条　企事业单位违反本条例规定，有下列行为之一的，由市和区人民政府以及国有资产、教育、科技、文化、卫生等主管部门和人力资源社会保障等行政管理部门责令改正，对企事业单位法定代表人和有关责任人给予批评教育；拒不改正的，依法处理：

（一）阻挠建立职工代表大会制度的；

（二）妨碍职工代表大会依法行使职权的；

（三）应当提交职工代表大会审议和审议通过的事项，未按照法定程序提交，给职工造成损害的；

（四）擅自变更或者拒不执行职工代表大会决议并侵害职工权益的。

第四十九条　企事业单位法定代表人和其他管理人员对职工代表进行侮辱、诽谤或者以暴力、威胁等手段进行打击报复、人身伤害的，公安机关依法给予治安处罚；造成严重后果构成犯罪的，依法追究刑事责任。

企事业单位工会负责人不按照本条例规定履行职责，对职工权益造成损害的，由市和区、产业（局）工会责令限期改正，情节严重的，依法予以罢免。

第五十条　市和区人民政府有关部门及其工作人员违反本条例规定，玩忽职守、滥用职权、徇私舞弊的，由其所在单位或者上级主管部门依法给予行政处分；构成犯罪的，依法追究刑事责任。

第九章　附　则

第五十一条　本条例自 2011 年 5 月 1 日起施行。

关于加强国有及国有控股公司集团型职工代表大会制度建设的意见

（京厂开发〔2017〕2号　2017年5月12日）

为贯彻落实党的十八届六中全会及全国国有企业党的建设工作会议精神，按照中央、北京市关于加强社会主义协商民主建设的意见和关于构建和谐劳动关系的意见要求，根据《企业民主管理规定》和《北京市实施〈中华人民共和国工会法〉办法》，现就加强本市国有及国有控股公司（以下简称“集团公司”）集团型职工代表大会（以下简称“职代会”）制度建设提出如下意见。

一、充分认识加强集团型职代会制度建设的重要意义

职代会是中国特色企事业单位民主管理制度的基本形式。加强集团型职代会制度建设是深入推进企事业单位协商民主建设的重要举措；是完善现代企业制度，推进科学民主决策的有力保证；是促进企业发展、维护职工权益，构建和谐劳动关系的重要途径。各级党政和工会组织要深刻认识党中央提出的“推进协商民主广泛、多层、制度化发展”和十八届四中全会《决定》强调的“制度化、规范化、程序化是社会主义民主政治根本保障”的精神实质，把加强集团型职代会制度建设工作列入重要议事日程，模范践行中央关于推进基层民主政治建设的有关要求。

二、集团型职代会制度建设应坚持的原则

1. 坚持党的领导。加强集团型职代会制度，核心在于坚持党的领导。各集团公司党委要充分发挥党组织在推进集团公司和所属基层单位职代会制度建设中的政治核心作用，统筹协调、指导推进工作中各类重大问题的解决，切实加强目标责任制考核，督促各级党政领导班子和工会组织自觉把职代会制度建设列入考核重点，确保职代会制度规范有效运行。

2. 坚持依法推进。凡对所属基层单位在重大决策、经营管理、干部任免、薪酬福利、人力资源等方面拥有管控权的集团公司都应当建立集团型职代会，保证职工行使民主管理权利。不能以集团公司本部职代会替代集团型职代会。集团公司成立时，应依法同步进行职代会筹备工作，并于集团公司正式运营一年内召开职代会、完成建制工作。

3. 坚持注重实效。建立健全职工代表大会会议制度、提案制度、选举表决制度，以及职工代表巡视、检查、质询、业务培训和权益保障等工作制度，切实落实集团型职代会的各项职权。严格依法支持和保障职工代表行使权力，保障职代会对提案办理情况、审议通过的重大事项落实情况、集体合同和专项集体合同履行情况、企业关停并转迁及股权结构变化情况、社会保险费交缴以及其他劳动法律法规的贯彻执行情况等事项开展监督检查。

三、集团型职代会制度建设的目标

至2017年底，全市国有及国有控股集团公司集团型职代会制度建制率达到100%；已经建立集团型职代会的集团公司要进一步完善制度、落实职权、规范运作，认真总结经验，努力提高工作质量。具备条件的其他所有制类型的集团公司可以依据本意见自行探索建立集团型职代会制度。到2020年，全市范围内集团型职代会建制率达到80%。

四、集团型职代会职权

1. 审议集团公司经营方针、中长期发展规划、年度计划、财务预决算、年度经营管理情况以及生产经营方面的重大改革措施、重要决策的报告；

2. 审议集团公司劳动关系总体状况，集团公司与工会就涉及集团系统劳动关系重大调整、安全生产和职工工资福利制度等事项协商情况的报告；

3. 审议集团型职代会联席会议协商处理事项及职代会工作机构开展工作情况的报告；

4. 审议通过集团型职代会制度实施办法和厂务公开民主管理制度；

5. 审议通过集团公司拟定的适用于集团系统的职工薪酬

福利制度、社会保险费和住房公积金缴纳制度、劳动用工管理制度、职工教育培训制度、奖励制度，以及企业年金、补充公积金、职工股权激励等原则方案；

6. 审议通过集团公司拟定的适用于集团系统的集体合同指导意见，基层单位改革改制中职工整体劳动关系变更、安置分流、经济补偿等指导意见；

7. 审查监督集团公司及所属基层单位建立和健全完善职代会和厂务公开民主管理等制度情况，集团型职代会决议贯彻执行情况；

8. 审查监督集团公司所属基层单位集体合同和专项集体合同的履行情况、贯彻落实集团公司集体合同指导意见情况、执行劳动安全卫生标准、社会保险费缴纳等情况；

9. 审查监督集团型职代会提案落实情况，职工董事、职工监事履职情况；

10. 审查监督集团公司年度业务招待费使用情况、职工教育培训经费提取使用情况；

11. 选举集团型职代会民主管理专门小组（委员会）成员、集团公司董事会和监事会中的职工代表；

12. 民主评议集团公司领导班子、由组织配置的集团公司党委、行政领导班子成员、集团公司董事会和监事会中的职工代表；

13. 法律法规规定或者集团公司党委、行政与工会协商确定的其他职权。

五、集团型职代会组织制度和工作制度

1. 集团型职代会的届期和会议召开。集团型职代会每届任期 3–5 年，每年应当至少召开一次会议，到会职工代表超过代表总数的三分之二方可召开，职工代表讨论应纳入职代会正式议程。会议一般应集中召开，临时会议因时间紧、集中召开有困难，可以通过视频、网络会议，或各职工代表团组审议表决、职工代表书面表决等方式进行，但应严格遵守职代会会议相关规定，做好代表资格确认、文字记录和材料备案等工作。遇有需要及时处理的重要事项，可以召开职工代表团组长联席会议协商处理，处理结果向下一次职代会报告确认。

2. 集团型职代会的职工代表。集团型职代会职工代表人数应本着兼顾代表性和组织效率的原则由集团公司行政与工会协商确定。其中，一线职工代表比例不得低于代表总数的 50%，集团公司中层以上管理人员和各级分（子）公司的领导班子成员应当作为管理人员，其比例不得超过代表总数的 40%。农民工、劳务派遣工较多的集团公司，职工代表中应当有适当比例的农民工、劳务派遣工代表。集团公司职工代表应具备较强的参政议政能力，一般应在集团本级或基层单位职代会职工代表中经民主选举产生。职工代表的具体结构、比例和产生办法，由集团公司行政与工会协商确定，并提交职代会审议通过。

3. 集团型职代会工作制度和专门委员会。集团公司应当建立职工代表团组长例会制度和职工代表巡视检查、提案、质量评估等工作制度；建立健全代表资格审查、职工代表提案、职代会决议执行、厂务公开工作监督、集体协商工作以及劳动安全卫生、劳动规章制度等专门委员会（小组），有效开展工作，实现民主管理的常态化。

六、做好集团型职代会与所属基层企业职代会制度的衔接

1. 集团公司及所属基层企业应根据各自性质、经营管理特点建立多层级的职代会制度，相应确立不同层级职代会的职权，一级解决一级的问题。即集团公司应建立集团型职代会制度，具有独立法人资格的公司应建立公司型职代会制度，不具有法人资格的业务单位（分公司、部门、工厂、办事处、事业部、项目部等）可根据实际建立业务单位型职代会制度。

2. 集团型职代会要围绕涉及企业改革发展的一些全局性、根本性、指导性的重大事项，以及涉及职工切身利益带有普遍性、倾向性的重大问题进行有效管控。集团型职代会形成的决议对所属基层单位具有指导、规范和制约作用，下级职代会形成的决议不能与上级职代会精神相冲突。集团型职代会通过的职工薪酬福利、社会保险、住房公积金等决议对所有基层单位具有约束力，基层职代会同类事项的有关决定不得低于相关标准。

3. 上级职代会对下级职代会按照“下管一级”的原则履行指导、监督职能。下级职代会的工作方案及会议材料应报上级职代会工作机构审核，下级职代会决议应向上级职代会工作机构报告，上级职代会工作机构应派员列席下级职代会。

七、落实集团型职代会建设的责任

1. 各级国资管理部门齐抓共管，各级工会主动配合。市区两级国资管理部门要将集团型职代会建制工作列入集团公司党政领导班子考核内容，加强督导，建立目标责任制。各区工会要主动与区国资委等国资管理部门联系沟通，推动区级国资企业建立集团型职代会制度。各产业工会要做好工作指导和监督，提高集团型职代会制度的建制率和规范化水平。

2. 集团公司党委（党组）要加强对职代会工作的领导。集团公司党组织承担职代会制度建设的主体责任，要把职代会制度建设纳入党组织工作计划和企业党政工作目标，定期听取工会有关职代会制度建设情况的汇报，及时研究解决职代会制度建设和具体工作中遇到的问题和困难，督促企业行政落实职代会各项职权和决议，主要领导要亲自参加职工代表大会和职工代表团组长联席会。

3. 公司行政要积极推进职代会制度的落实。集团公司行政承担职代会制度建设的执行责任，要尊重职工代表民主参与、民主管理、民主决策和民主监督的权利，重视职代会提出的意见和建议，支持职代会依法行使职权；要认真研究落实职代会提案和决议，在企业管理经费中列支职代会工作费用；要把建立和完善职代会制度与健全现代企业制度有机结合起来，把职代会制度作为企业管理的重要基础制度，规范企业行为，提高科学决策、民主决策的水平，推动企业健康、持续发展。

4. 工会应当承担并履行好职代会工作机构的职责。集团公司工会要紧密依靠党组织对职代会工作的领导，定期向党组织汇报职代会工作，争取党组织的领导和支持；要积极做好职代会筹备工作，按时召开会议；职代会闭会期间，要落实好职代会各项工作制度，组织职工参与企业日常民主管理，宣传引导职工自觉执行职代会决定、决议；要加强与公司行政的沟通协调，督促落实职代会决定、决议；要加强职工代表培训，提高职工民主参与能力。

附：集团公司多级职代会工作说明

为进一步理顺上下级职代会关系，更好地发挥多级职代会制度的作用，按照《企业民主管理规定》和《关于加强国有及国有控股公司集团型职工代表大会制度建设的意见（试行）》要求，制定本工作说明。

一、职代会的类型

1.“集团型”职代会

以投资管理为主要特征、下属单位以独立法人公司为主体，实行战略控制的公司应建立“集团型”职代会。

2.“公司型”职代会

具有法人资格和相对独立的生产经营、财务管理、人事管理的子公司应建立“公司型”职代会。

3.“业务单位型”职代会

不具有法人资格，但在生产经营、薪酬（奖金）分配、劳动用工等方面具有一定自主权且职工人数较多的业务单位（分公司、部门、工厂、办事处、事业部、项目部等）应建立“业务单位型”职代会，保障职工行使与所在单位管理权限相对应的民主管理权利。

二、职代会的职权

五项职权	具体项目	集团型	公司型	业务单位型
审议建议权	审议战略发展规划及执行实施情况	●	●	
	审议企业重大改革改制事项	●	●	
	审议生产、经营计划	●	●	●
	劳动关系重大调整、安全生产和职工工资福利制度等事项协商情况	●	●	
	职代会联席会议协商处理事项的情况及职代会工作机构工作开展情况	●	●	
审议通过权	表决职代会实施办法和厂务公开民主管理制度	●	●	●
	表决适用于集团系统的集体合同指导意见	●		
	表决集体协商、集体合同制度及集体合同草案		●	
	表决劳动薪酬分配原则和制度	●	○	
	表决薪酬分配具体方案		●	
	表决职工业绩考核方案		○	●
	表决职工劳动管理及奖惩办法		●	○
	表决职工福利基本制度		●	
	表决有关职工生活福利的重大事项		●	
	表决企业改革改制中人员安置分流方案	○	●	○

续表

五项职权	具体项目	集团型	公司型	业务单位型
审查监督权	审议职代会决议贯彻执行情况和职代会提案落实情况	●	●	
	审议职工董事、职工监事履职情况	●	●	
	审议业务招待费、教育培训经费提取、使用情况	○	●	
	审议依法缴纳职工社会保险金情况	○	●	
	审议职工福利费提取使用情况		●	
	审议执行劳动安全、环保、卫生措施情况	○	●	●
	审议集体合同履行情况		●	
	审议厂务公开民主管理情况	●	●	●
民主选举权	选举职工监事，根据需要选举职工董事	●	●	
	选举集体协商职工方代表		●	
	选举出席上级职代会代表	●	●	●
	选举民主管理委员会委员	●	●	●
民主评议权	民主评议领导人员	●	●	●
	民主评议董事会和监事会中的职工代表	●	●	

说明：表中“●”为规定性事项，“○”为选择性事项。

三、职代会的运作规则

<table>
<tr><td colspan="2">职代会类型</td><td>集团型职代会</td><td>公司型职代会</td><td>业务单位型职代会</td></tr>
<tr><td rowspan="3">职工代表</td><td>人数</td><td>本着兼顾代表性和组织效率的原则由集团公司行政与工会协商确定</td><td colspan="2">按照不少于全体职工人数的5%确定，最少不少于30人。职工代表人数超过100人的，超出的代表人数可以由企业与工会协商确定</td></tr>
<tr><td>选举</td><td>应在整个集团系统内选举产生，一般应在集团本级和基层单位职代会职工代表中经民主选举产生</td><td colspan="2">以班组、工段、车间、科室等为基本选举单位由职工直接选举产生</td></tr>
<tr><td>构成</td><td>一线职工代表比例不得低于代表总数的50%，集团公司中层以上管理人员和各级分（子）公司的领导班子成员应当作为管理人员，其比例不得超过代表总数的40%</td><td colspan="2">企业中层以上管理人员和领导人员一般不得超过职工代表总人数的20%</td></tr>
<tr><td rowspan="2">组织机构</td><td>运作主体</td><td>集团工会</td><td>企业工会</td><td>相关基层工会</td></tr>
<tr><td>届期</td><td>3-5年</td><td>3-5年</td><td>3-5年</td></tr>
</table>

续表

职代会类型		集团型职代会	公司型职代会	业务单位型职代会
组织机构	民主管理专门小组(委员会)	应建立健全代表资格审查、职工代表提案、职代会决议执行、厂务公开工作监督、集体协商工作以及劳动安全卫生、劳动规章制度等专门委员会（小组）	可以根据实际需要选择设立集体协商、薪酬福利、劳动用工、劳动安全卫生、提案工作、民主评议等专门小组（委员会）	可以设立一个综合性的民主管理专门小组（委员会）
职代会闭会期间的民主管理形式		遇有确需经职代会审议或审议通过的重大事项，但是集中召开全体代表会议有困难的，可以通过视频、网络会议或由集团公司各职工代表团组审议表决、职工代表书面表决等方式进行。遇有非职代会审议通过事项但需及时处理的其他重要事项，可召开职代会联席会议协商处理，处理结果向下一次职代会报告确认	除法律法规规定应当提交职工代表大会审议通过的事项外，对需要及时处理的重要事项，企事业单位可以召开职工代表大会联席会议进行协商处理，处理结果应当向下一次职工代表大会报告	略

关于深入推进非公有制企业民主管理工作的意见

（京厂开发〔2017〕3号　2017年5月12日）

为全面贯彻落实党的十八大、十八届三中、四中、五中、六中全会和习近平总书记系列重要讲话精神，按照《中共中央关于加强社会主义协商民主建设的意见》、《中共中央、国务院关于构建和谐劳动关系的意见》、《中共中央关于加强和改进党的群团工作的意见》相关要求，深入推进我市非公有制企业厂务公开民主管理工作，维护职工合法权益，构建和谐劳动关系，促进非公有制经济健康发展，现就此项工作提出如下意见。

一、充分认识深入推进非公有制企业民主管理工作的重要意义

改革开放以来，我市非公有制经济持续快速发展，非公有制经济成分在国民经济中的占比不断提高，非公有制经济成为推动经济社会发展的重要基础，非公有制企业成为吸纳社会就业的主要渠道。深入推进非公有制企业民主管理，是保障职工主体地位、贯彻落实党的全心全意依靠工人阶级的根本方针的具体体现，是扩大职工有序参与、加强基层民主政治建设的重要途径，是维护职工合法权益、构建和谐劳动关系的有效措施。要进一步增强紧迫感、责任感和使命感，深刻认识和把握当前我市非公有制企业民主管理的现状，创新工作方法，加大工作力度，增进工作实效，不断提高非公有制企业民主管理工作水平，为促进首都社会和谐稳定、推动经济持续健康发展做出贡献。

二、深入推进非公有制企业民主管理工作的目标任务

坚持以职工代表大会（以下简称职代会）制度建设为核心，推动非公有制企业民主管理制度建设全面发展。到2020年，已建工会的百人以上非公有制企业单独建立职代会制度和厂务公开制度达到80%以上。大力推行区域、行业职代会制度，实现中小微型非公有制企业民主管理制度覆盖面不断扩大。按照《公司法》规定，推动设立董事会、监事会的非公有制企业职工董事、职工监事制度建制率逐年稳步提高。

坚持不懈抓基层、打基础，始终注重于民主管理质量建设，使非公有制企业民主管理组织机构更加健全、工作内容更加丰富、工作机制更加完善、运行程序更加规范、作用发挥更加有效，打造受企业认可、职工欢迎的民主管理平台。

三、深入推进非公有制企业民主管理工作的途径和方法

（一）建立健全以职代会为基本形式的民主管理制度

1. 职代会制度。职代会制度是民主管理的基本形式。依照《北京市实施〈中华人民共和国工会法〉办法》，包括非公有制企业在内的所有企业均应建立职代会制度。职工人数在 100 人以上的企业应当召开职代会，100 人以下的可以根据实际召开职代会或职工大会。

集团型非公有制企业要依据相关规定，探索建立多级职代会制度。

在经济开发区、工业园区、高新技术园区和乡镇（街道）等中小微型企业集中的区域和产业集群，大力推行区域（行业）职代会制度。

2. 厂务公开制度。厂务公开制度保障职工知情权，是落实职工其他各项民主权利的基础。依照《北京市实施〈中华人民共和国工会法〉办法》，非公有制企业也应建立厂务公开制度。要通过职代会和其他形式，将涉及职工切身利益的规章制度和有关情况，以及生产经营管理的重大事项，按照一定程序向职工公开，听取职工意见，接受职工监督。

3. 职工董事、职工监事制度。依照《公司法》等法律法规规定，引导和支持非公有制公司的董事会设立职工董事，督促在设立监事会的非公有制公司中依法设立职工监事，从源头上代表和维护职工权益。

（二）大力推进民主管理制度化、规范化建设

制定职代会实施细则或操作办法，明确职工代表选举、提案、表决和决议落实等制度。规范选举职工代表，鼓励和探索职工代表竞选制度。重视职代会提案的征集、办理、反馈工作。落实职代会职权，对重要事项应当采用无记名投票方式分项表决。职代会每年至少召开1次，会议有关文件应于会议召开前7日送达职工代表，会议应设讨论环节。充分发挥各专门委员会（工作小组）在职代会闭会期间的作用，组织职工代表巡视检查，推动职代会决议的贯彻落实。认真做好职代会有关情况的网上备案工作。

制定厂务公开具体实施办法，明确公开事项、公开时间和公开途径。健全组织机构、明确工作职责，完善监督检查、考核评估、责任追究等工作制度。在坚持以职代会作为厂务公开主渠道的同时，结合实际拓宽公开方式，特别是运用内部网站、OA办公系统、手机微信等新兴媒体，及时、真实、全过程公开企业改革发展中的重大事项和职工关心的热点难点问题，增进公开实效。

职工董事、职工监事应由职代会以无记名投票方式差额选举，经全体代表过半数同意方可当选。职工董事、职工监事要定期向职代会报告工作，接受职代会监督、质询和民主评议。在董事会、监事会研究决定公司重大问题时，职工董事、职工监事应按照职代会的相关决议发表意见，维护职工

和公司的合法权益。

（三）积极创新非公有制企业民主管理实现形式

要紧密结合实际，加强实践探索，创新适应非公有制企业特点的民主管理实现形式。企业要主动更新观念，以积极、开放的心态接受民主管理，主动依靠民主管理，让职工更多地参与到企业管理中来。要丰富民主管理内容，把更多的议题拿到民主管理平台上来倾听职工意见，汇集职工智慧，凝聚职工力量，共促企业发展。要结合企业自身实际，在普遍建立职代会制度基础上，畅通民主参与渠道，采取民主管理委员会、民主议事会、劳资恳谈会、民主协商会、总经理信箱、总经理接待日等行之有效的民主形式，搭建职工参与管理、与企业沟通协商的平台，并与职代会、厂务公开、职工董事职工监事制度有效衔接、相互促进，形成推进企业民主管理工作的制度合力。

四、不断提高非公有制企业民主管理工作的实效

（一）围绕中心、服务大局，为进一步深化改革和新常态下北京经济社会建设服务。要充分发挥民主管理的积极作用，维护劳动关系稳定，为改革和发展保驾护航。针对供给侧结构性改革、京津冀协同发展和非首都功能疏解等一系列重大战略的推进实施，积极开展工作调研，密切跟踪掌握劳动关系状况变化，及时跟进民主管理。要重视做好厂务公开，落实职工知情权，凝聚职工的共识和智慧，调动职工的积极性、主动性、创造性，与企业同心协力做好工作。

（二）结合企业实际，聚焦经营发展和职工权益保障的热点、难点问题开展民主管理工作。要通过民主管理搭建职工参与管理和与企业沟通协商的平台。将民主管理与专业管理深度融合，提高科学管理水平。要主动利用民主管理制度平台，针对有关企业生产经营的重要事项广泛收集民智，制订涉及职工切身利益的规章制度或者重大事项方案前广泛听取民意。引导和组织职工通过民主管理制度平台，依法、理性、有序表达利益诉求，形成友好协商、民主共决的良好氛围。

（三）坚持问题导向，解决制约非公有制企业民主管理工作发展的突出问题。要加强非公有制企业工会工作，运用法治思维和规范化、制度化工作措施，解决好民主管理建制难、运行不规范、作用难发挥等问题。要通过落实集体合同制度、工会劳动法律监督制度等，倒逼企业建立民主管理制度。工会组织要认真履行职责，坚定维护职代会、职工董事职工监事等民主管理制度的权威，规范落实会议制度，履行工作程序，支持职工代表工作，强化对职代会决议的执行情况监督，提高民主管理质量。

（四）进一步转变作风，工会要深入企业，动员、指导和帮助非公有制企业建立健全民主管理制度。探索建立激励约束机制，将企业实行民主管理情况纳入企业负责人政治安排和企业创先评优指标体系；借助政府公共信用信息平台等方式，加强社会监督，引入市场力量，督促企业遵法守纪、诚信经营。

五、加强对非公有制企业民主管理工作的领导和工作指导

（一）充分发挥各级厂务公开协调、领导小组作用。各级厂务公开工作协调领导机构要把深入推进非公有制企业民主管理工作做为当前和今后一段时期的重点任务来抓，分别制定推进非公有制企业民主管理工作的指导意见、工作规划和实施方案，明确任务、落实责任，以改革创新精神推动工作发展。要紧紧依靠党委领导，定期汇报工作中遇到的困难和问题，完善会议、调研检查、工作表彰和监督检查等工作制度，加强工作指导。小组各成员单位要密切配合，分工协作，齐抓共管，狠抓工作落实。

（二）将非公有制企业民主管理工作纳入协调劳动关系三方机制重要工作内容。要把企业民主管理做为协调劳动关系的重要手段，充分发挥民主管理机制作用。要定期评估非公有制企业劳动关系状况，分析研究企业民主管理和协商平台作用发挥情况，发挥政府、工会和工商联、企联等企业代表组织各自优势，从不同角度推动民主管理工作的正常、有效开展。

（三）注重分类指导。要根据不同区域、不同行业的非公有制企业在企业规模、组织形式、管理方式、职工队伍、工会工作基础等方面存在的差异，因地（企）制宜、分类指导，按时完成民主管理建制任务，不断提高民主管理工作质量。积极开展民主管理示范单位创建活动，发现培育先进典型，推广好经验、好做法，发挥示范引领作用，以点带面，整体推进。

（四）强化舆论宣传。各级工会组织要加强教育培训工作，提高职代会职工代表、职工董事、职工监事的民主管理业务素质和履职能力；通过与工商联、企联等单位联合举办培训班，加强对企业经营管理者的教育和引导，提高他们对企业实行民主管理重要性和必要性的认识，强化依靠职工办企业的理念。充分运用广播、电视、报刊等传统媒体，以及网络、微信等新媒体，加大宣传力度，凝聚社会共识，为深入推进非公有制企业民主管理工作营造良好的舆论氛围。

非公有制企业职代会职权

四项职权	具体项目
知情建议权	听取企业主要负责人关于企业发展规划、年度生产经营管理情况
	听取企业改革和制定重要规章制度情况
	听取企业用工、劳动合同和集体合同签订履行情况
	听取企业安全生产情况
	听取企业缴纳社会保险费和住房公积金情况
	听取职工董事、职工监事履职情况
	听取职工代表提案办理落实情况

续表

四项职权	具体项目
审议通过权	审议通过有关劳动报酬、工作时间、休息休假、劳动安全卫生、保险福利、职工培训、劳动纪律以及劳动定额管理等直接涉及劳动者切身利益的规章制度或者重大事项方案
	审议通过集体合同草案
	审议通过按照国家有关规定提取的职工福利基金使用方案、住房公积金和社会保险费缴纳比例和时间的调整方案
	审议劳动模范的推荐人选
选举权	选举或者罢免职工董事、职工监事
	选举和罢免参与平等协商签订集体合同（包括工资专项协议）的职工方代表
	选举或罢免职工代表大会各专门委员会（工作小组）组成人员
	选举依法进入破产程序企业的债权人会议和债权人委员会中的职工代表
	根据授权推荐或者选举企业经营管理人员
监督权	审查监督企业执行劳动法律法规和劳动规章制度情况
	民主评议企业领导人员，并提出奖惩建议

非公有制企业职代会运作规则

职工代表	人数	按照不少于全体职工人数的5%确定，最少不少于30人。职工代表人数超过100人的，超出的代表人数可以由企业与工会协商确定。其中，一线职工代表不少于职工代表总人数的50%，中层以上经营管理人员（含领导人员）不超过职工代表总人数的20%。农民工、劳务派遣工、女职工代表应当占适当比例
	选举	应由全体职工三分之二以上直接选举产生，采取无记名投票方式进行差额选举，获得全体职工人数半数以上赞成票方能当选
	构成	企业中层以上管理人员和领导人员一般不得超过职工代表总人数的20%
	权利	行使提案、审议、表决、评议、质询和监督检查等与职代会有关的权利；选举和被选举为职代会各专门委员会（工作小组）组成人员、集体协商职工方代表及其他相关机构中的职工代表的权利；依法行使民主权利，任何组织和个人不得阻挠和打击报复；因履行代表职责占用工作时间的，其工资福利及其他待遇不受影响
组织机构	运作主体	企业工会
	届期	3-5年
组织机构	民主管理专门小组（委员会）	可以根据实际需要选择设立集体协商、薪酬福利、劳动用工、劳动安全卫生、提案工作、民主评议等专门小组（委员会），也可以设立一个综合性的民主管理专门小组（委员会）

续表

工作制度	职工代表大会每年至少召开一次。每次大会必须有三分之二以上的职工代表出席。遇有重大事项或者特殊情况，经企业工会或者三分之一以上职工代表提议，可以临时召开职工代表大会
	选举、决议和决定，必须按照少数服从多数的原则，采取无记名投票方式进行表决，经全体职工代表过半数同意，方为有效。对同一重大议题议案草案中的重要事项的表决，应当进行分项表决。职代会在其职权范围内依法审议通过的决议和事项具有约束力，非经职代会同意不得变更或撤销
职代会闭会期间的民主管理形式	除法律法规规定应当提交职工代表大会审议通过的事项外，对需要及时处理的重要事项，可召开职代会联席会议进行协商处理，结果向下一次职工代表大会报告

参考文献

1. 张智君著，《职工代表大会实务操作与法律依据》，北京：电子工业出版社，2020 年 9 月。

2. 范丽娜编著，《新时代企业民主管理实务操作指南》，北京：人民日报出版社，2022 年 3 月。

3. 肖鹏编著，《企事业单位民主管理工作百问百答》，北京：中国工人出版社，2022 年 2 月。

4. 本书编写组编，《职代会、工代会操作流程图示与范例（第 2 版）》，北京：中国工人出版社，2021 年 2 月。

5. 周永宝编著，《企业集团公司多级职代会实务手册》，北京：中国工人出版社，2022 年 3 月。

6. 张举、董艳丽编著，《新编“职代会”“工代会”实务操作指南》，北京：中国言实出版社，2019 年 6 月。

7. 蒋毅、郑永强主编，《职代会与工代会实务操作及范例》，北京：红旗出版社，2018 年 3 月。

8. 中华全国总工会基层工作部编，《企事业单位民主管理工作文件汇编》，北京：中国工人出版社，2018 年 10 月。

图书在版编目（CIP）数据

职工代表大会工作小全书 / 崔金琳编著. —
北京：中国工人出版社，2024.5
ISBN 978-7-5008-8181-0

Ⅰ.①职… Ⅱ.①崔… Ⅲ.①职工代表大会—工作—中国 Ⅳ.①D412.2

中国国家版本馆CIP数据核字（2023）第084021号

职工代表大会工作小全书

出 版 人	董 宽
责任编辑	周子欣 张姗姗
责任校对	张 彦
责任印制	栾征宇
出版发行	中国工人出版社
地　　址	北京市东城区鼓楼外大街45号 邮编：100120
网　　址	http://www.wp-china.com
电　　话	（010）62005043（总编室） （010）62005039（印制管理中心） （010）62382916（工会与劳动关系分社）
发行热线	（010）82029051 62383056
经　　销	各地书店
印　　刷	宝蕾元仁浩（天津）印刷有限公司
开　　本	880毫米×1230毫米 1/32
印　　张	12.375
字　　数	230千字
版　　次	2024年6月第1版 2024年6月第1次印刷
定　　价	48.00元

本书如有破损、缺页、装订错误，请与本社印制管理中心联系更换
版权所有 侵权必究